KB187164

조작된
한성백제왕성

조작된 한성백제왕성

이희진 지음

들어가면서

건축학자 강찬석 선생과의 우연한 만남을 계기로, 《잃어버린 백제의 첫 도읍지를 찾아서》를 낸 지도 벌써 7년이 지났다. 이 책을 쓸 때까지만 해도 그저 한성백제왕성같이 역사적으로 중요한 곳을 잘못된 근거로 지목한 사실을 바로 잡아보겠다는 정도의 가벼운 생각이었다. 그렇지만 책을 출간하고 많은 일을 겪으면서, 이 문제가 그렇게 간단한 것이 아니라는 점을 깨닫는 데 그리 많은 시간이 걸리지 않았다.

이 문제를 학술적인 차원으로만 해결하기에는 일이 너무 커져 버렸다. 사실 그 씨앗은 풍납토성 보존 지침이 떨어질 때부터 뿌려졌다. 2000년 6월 16일 국무회의에서 김대중 대통령은 "풍납토성이 백제 위례성의 성지라면 후손들이 조상들의 귀중한 문화유산을 훼손시켜서는 안 된다"라는 훈령을 내렸다. 이것이 풍납토성 보존의 시발점이라 할 수 있다.

그런데 김대중 대통령의 훈령에는 의미심장한 부분이 있다. "풍납토성이 백제 위례성의 성지라면"이라는 구절이 바로 그것이다. 이 말 글자 그대로는 풍납토성이 한성백제 위례성이기 때문에 엄청난 사회적 피해를 감수하고 보존하라고 한 것이겠지만, 뒤집어 보면 완전히 다른 뜻이 될 수도 있다. 즉, "한성백제왕성이 아니라면" 풍납토성 보존에 그렇게까지 막대한 피해를 감수해야 했는지에 대한 의문이 제기될 수 있다는 이야기다.

이 점은 풍납토성 보존에 앞장선 사람들에게 상당한 부담으로 작용한다. 풍납토성 보존을 위해 조 단위의 자금이 투입된 공사를 중지시켰다. 이로 인하여 많은 사람들에게 피해를 입혔고, 지금도 고통 받는 사람이 많다. 그런데 만약 '풍납토성은 한성백제왕성이 아니다'라는 사실이 밝혀지면 어떻게 될까? 이들은 대통령에게까지 헛정보를 주어 막대한 사회적 피해를 치르게 한 책임을 추궁 당할 처지가 되는 것이다. 그러니 이들 입장에서는 '풍납토성은 한성백제왕성이 아니어서는 절대 안 될' 상황이 된 셈이다.

이것만 해도 풍납토성 관련 시비를 학술적 차원이나 과거의 문제로만 다루기 어렵게 되어버렸다는 점은 쉽게 이해가 갈 것이다. 그런데도 최근 몇 조의 자금을 더 들여 추가 발굴을 하겠다는 발표가 나왔다. 만약 발표대로 강행된다면 그동안의 행적으로 보아, 보나마나 수십 배로 불어난 자금이 더 투입될 것이다. 이 정도 자금이면 발굴단 몇 개가 몇 년 동안 먹고 살 수 있다. 앞으로도 막대한 이권이 걸리게 된 셈이다.

그동안 학계에 몸담고 있으면서 참 불편한 사실을 많이 깨닫게 되었다. 그중에서도 의미심장했던 점은 학자라는 존재가 세상에 알려진 것만큼 이권에 초연한 존재가 아니라는 사실이다. 그중에서도 고고학은 구조적으로 어쩔 수 없는 측면이 있는 것 같다. 인문학 범주를 다 털어 보아도, 고고학만큼 돈이 많이 드는 분야를 떠올릴 수 없을 것이다. 그만큼 발굴사업 자체가 '십억'단위도 그리 크다고 느끼지 않을 정도로 많은 자금이 들어간다. 그리고 아무리 유능한 고고학자라도 발굴을 하지 못하면 업적을 쌓기 곤란하다. 이는 발굴비용을 타기 위해서라면 수단과 방법을 가릴 입장이 못 된다는 뜻이다.

사실 별 생각 없이 이 문제에 말려들어간 후, 상식과 원칙만 가지고는 이해가 가지 않는 꼴을 너무 많이 보아 왔다. 그것은 지금도 마찬가지다. 사실 원칙적으로만 보자면, 이 문제는 순수한 학술 문제여야 한다. 그러나 여기에 걸린 막대한 이권은, 사태가 원칙적으로만 가도록 놔두지 않는다. 이것이 바로 외면할 수 없는 현실이다.

여기까지는 어느 분야나 어느 정도까지는 각오해야 할 문제이기는 하지만, 이 문제는 좀 심한 것 같다. 한성백제왕성에 대한 시비는 단순히 역사적 사실과 유적에 관한 것만 걸려 있는 것이 아니다. 최소한 조 단위, 그리고 십중팔구 10배는 더 불려질 발굴비용과 수십만 명의 거주지 환경 및 보상 문제가 걸려 있다. 잘못되면 수십조의 자금이 낭비된다. 여기에 투입될 자금 대부분이 피 같은 국민 혈세다. 국민의 피를 엉뚱한 곳에 날려 버리는 것 자체가 심각한 사회문제다.

이런 사태를 피하고 싶으면 발굴에 들어가기 전에 철저한 검증을 거쳐야 한다. 검증에도 자금과 시간이 들어가겠지만, 발굴이 시작되고 난 뒤에 들어갈 규모에 비하면 그야말로 '새 발의 피'다. 그러니 철저한 검증을 거치자는 목소리가 높아야 정상이다. 검증을 거치는 과정에서 이 문제로 헛소리한 측이 희생되는 편이 막대한 국민 혈세를 뿌린 다음 치를 희생보다는 훨씬 가벼울 테니까.

이런 측면에서 보자면 현실은 갑갑하다. 너무나 당연한 이야기 같은데도, 당사자라고 할 수 있는 학계에서는 실제로 그럴 의지를 보이지 않는다. 그저 의지를 보이지 않는 정도가 아니라, 가증스러울 정도의 야비함까지 보여 준다. 이런 점은 지금까지의 행동에서 적나라하게 드러나기도 했다. 학술적인 시비에는 관심 없는 주민들은, 반대하는 측 학자를 불러 시비를 가리려는 시도를 한 바 있다. 반면 7개 학술단체와 이들을 지원하는 공기관을 등에 업었던 학자들은 철저하게 반대하는 측을 배제하고 성대하게(?) 그들만의 학술회의를 치렀다.

학자라는 사람들이, 시비를 가리기보다 자기들에게 유리한 주장을 강요하는 데 더 집착하고 있음을 보여 준 셈이다. 학문과 관계없는 주민들보다 진실 규명에 관심이 없다는 점을 스스로 보여 주었다고 할 수 있다. 이들이 왜 이렇게까지 해야 했을까? 그런데 고맙게도(?) 이런 행사를 벌여 자기들의 논리를 총 정리해 알려 준 셈이 되었다. 그러니 여기서 나온 주장이 어떤 것인지만 밝혀도, 풍납토성을 한성백제왕성으로 만들어 내기 위해 어떤 일을 벌이고 있는지 자연스럽게 드러날 것이다. 그러다 보면 학술 문제 뒤에 자리 잡고 있는, 진짜 심각한 사회 문제를 엿볼 수 있는 기회가 될 수도 있겠다.

차례

1장

왕성을 조작해 내기 위한 눈속임들

공공기관의 공공연한 거짓말

현재까지 대한민국 국민 대부분이 풍납토성을 한성백제왕성으로 믿게 만든 데에 결정적인 역할을 하고 있는 기관이 바로 한성백제박물관이다. 이곳 전시물에서 그런 주장을 하고 있으니, 여기를 찾는 수십만의 국민들은 박물관에서 보여 주는 대로 믿을 수밖에 없다. 그런데 이곳에서 풍납토성이 한성백제왕성이라는 근거로 보여 주는 전시물 대부분이 파렴치한 조작이라는 점을 알고 있는 사람이 몇이나 될까? 사실을 알고 보면 특별한 논증 과정이 없이 바로 거짓말임이 드러나는 데도, 이곳에서는 몇 년째 그런 전시물을 만들어 관람객들에게 보여 준다. 뿐만 아니라 최근에는 오히려 조작된 증거물을 보강하는 움직임까지 보이고 있다.

신뢰가 생명인 공공기관에서 설마 그럴 리가 있겠느냐고 생각하는 사람이 대부분일 것이다. 사실 정말 기가 막히는 부분이 바로 '그럴 리가 있다'는 점이다. 어찌 보면 바로 이 점이, 단순하게 한성백제왕성의 위치에 대한 시비를 뛰어 넘는 본질적 주제인지도 모르겠다. 국민

한성백제 박물관의 왕궁 모형 전시물

의 신뢰를 바탕으로 돌아가야 하는 공공기관이, 자기 필요에 따라 거짓을 조작해 내고도 뒤탈이 없는 분위기 말이다.

원론으로 군소리 더 할 필요 없이 일단 구체적인 사례 몇 가지를 보자. "설마가 사람 잡는다"라는 속담을 확인할 수 있을 것이다. 먼저, 한성백제박물관에서 전시하고 있는 전시물 사진 하나부터 보자.

이 모형에서는 보시는 바와 같이 왕궁이 세워져 있다. 그러니까 이곳에 와서 이 모형을 보는 사람은 당연히 한성백제의 왕궁이 저곳에 저렇게 자리 잡고 있었다고 생각하게 된다. 이 모형은 필자가 보아온 것만 해도 몇 년은 된다. 즉, 이 박물관이 세워질 초기부터 이런 모형이 전시되고 있었다는 이야기다.

그런데 정말 박물관 측이 만든 모형처럼 그곳에서 왕궁이 확인되었을까? 천만의 말씀이다. 그 점은 바로 한성백제박물관 김기섭 연구원의 발표문에서도 시사되고 있다. 이 발표문 65쪽에는 "한성의 정궁(正宮)이 북성과 남성 중 어느 쪽에 있었는지는 알 수 없다"라고 하여 왕궁의 위치를 모른다는 점이 시사되고 있는 것이다.

위 사진에 나와 있는 것처럼 그렇게 확실하게 왕궁의 모형을 만들어 놓을 수 있을 정도라면, 굳이 이런 이야기가 나올 필요가 없다. 뒤집어 말하면 무슨 뜻이 될까? 풍납토성에서는 궁궐이 확인된 적 없다는 이야기다. 이 점은 풍납토성을 한성백제왕성이라고 주장하는 측에서도 인정하는 바다. 사실 이 점에 대해서는 필자가 관련 학회 등에서 수십 번도 더 확인한 바 있다. 풍납토성을 왕성이라고 주장하는 측에, "지금까지 왕궁터라고 할 만한 곳이 발굴된 적 있느냐?"라는 질문을 수십 번 던져 봤으니까. 나중에 나오겠지만, 자기들끼리 토론에서도 "왕궁은 나오지 않았지만"이라는 말이 자연스럽게 튀어 나온다.

한성백제박물관에서 전시하고 있는 것처럼 정말 왕궁터라고 확인된 곳이 일부라도 발굴되었다면, 이미 풍납토성을 두고 왕성이냐 아니냐를 따질 필요가 없었을 것이다. 뒤집어 말하면 왕궁터가 발굴되지 않았으니까 문제가 되고 있다는 이야기가 된다. 즉, 박물관의 모형에서는 발굴되지도 않은 왕궁을 상상으로 만들어 전시하고 있다는 뜻이다.

풍납토성에서만 발견되지도 않은 왕궁을 조작해 넣은 것도 아니다. 일부가 왕성이라고 믿고 있는 몽촌토성 역시 마찬가지다. 이 역시 '백 번 듣는 것보다 한 번 보는 것이 나을 테니' 한성백제박물관에서 만들어 놓은 모형의 사진을 보자.

궁궐 모형 전시물

이렇게 해놓고 왕궁터가 발견되지 않았다는 점이 찜찜해, 변명이랍시고 대비해서 즐겨 쓰는 수법까지 있다. 바로 풍납토성 지역이 8%밖에 발굴되지 않았다는 점이다. 나중에 관련 내용을 자세히 언급하겠지만, 물론 이 자체도 나중에 심각한 거짓임이 드러난다. 결국 풍납토성을 왕성이라고 주장하는 측에서는 나중에 더 심각한 문제가 될지언정, 일단 변명이 될 것 같은 이야기를 퍼뜨려 놓고 보자고 노력하고 있는 셈이다.

뿐만 아니라 최근에 보강된 내용도 있다. 이는 필자가 최근 한성백제박물관에서 열린 학술회의에 참석했을 때 발견하고 찍은 사진이다.

이 사진에서도 볼 수 있듯이 "발굴 조사를 통해 궁궐 일부와 … 다양한 유구들을 확인하고 … 이로써 백제 첫 왕성(위례성)은 풍납토성임이 분명해졌다"라고 해 놓았다. 여기까지만 보아도 한 가지는 분명히

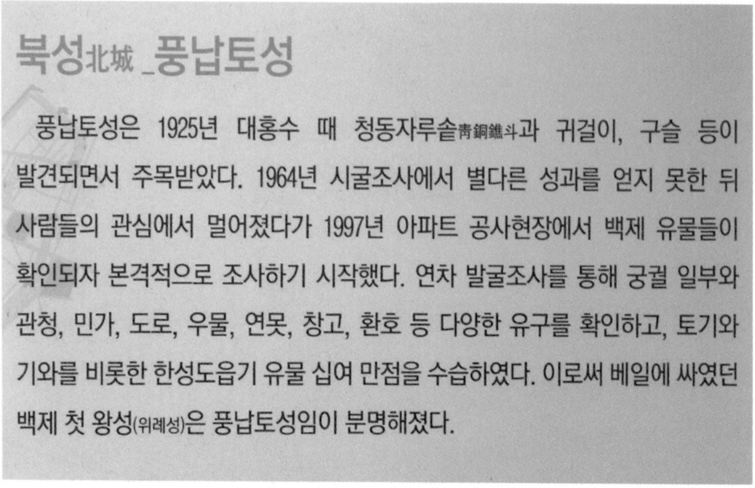

북성北城 _풍납토성

풍납토성은 1925년 대홍수 때 청동자루솥青銅鐎斗과 귀걸이, 구슬 등이 발견되면서 주목받았다. 1964년 시굴조사에서 별다른 성과를 얻지 못한 뒤 사람들의 관심에서 멀어졌다가 1997년 아파트 공사현장에서 백제 유물들이 확인되자 본격적으로 조사하기 시작했다. 연차 발굴조사를 통해 궁궐 일부와 관청, 민가, 도로, 우물, 연못, 창고, 환호 등 다양한 유구를 확인하고, 토기와 기와를 비롯한 한성도읍기 유물 십여 만점을 수습하였다. 이로써 베일에 싸였던 백제 첫 왕성(위례성)은 풍납토성임이 분명해졌다.

한성백제박물관에 전시되어 있는 풍납토성에 대한 설명

확인할 수 있다. 나오지도 않은 궁궐터가 나왔다고 거짓말을 해놓고, 그 거짓말을 전제로 풍납토성이 한성백제왕성임이 분명해졌다고 했다는 점이다. 그리고 이것을 본 관람객들은 '궁궐터까지 나왔으니 당연히 왕성'이라고 생각할 수밖에 없다.

그러니 누군가 "이곳이 왕성 아닐 가능성도 있다"라고 하는 말이 들리면, '궁궐터까지 나온 곳을 두고 아직도 왕성이 아니라고 헛소리 하는 자들이 있느냐'고 생각하게 된다. 심지어 누군가는 "공공기관인 한성백제박물관에 이렇게 버젓이 증거가 전시되어 있는데도 헛소리 퍼뜨리는 작자들이 있다"라며 매도하고 다닐 것이다. 필자가 수도 없이 당해 본 수법이다. 결국 한성백제박물관 측은 거짓 정보를 전시함으로써 아주 간단하게 이런 현상을 만들어 내고 있는 셈이다.

거짓의 공범자들

그럴 리도 없겠지만, 설사 나중에 풍납토성이 한성백제왕성이라는 증거가 나온다고 해도 한성백제박물관에서 이렇게 당당하게 전시했던 거짓말은 용납될 수 없는 것이다. 공공기관이 단정적인 결론을 내릴 때 제시할 수 있는 증거는 확보된 상태에 있는 것이어야지, 앞으로 확보될 것이라는 막연한 것이어서는 안 된다는 점은 잔소리일 뿐이다. 그런데 한성백제박물관 같은 공공기관이 나오지도 않은 증거를 조작하여 풍납토성이 왕성이라는 결론을 내려 버리고 전시물을 통해 국민을 속이고 있는 것이다.

이것을 뒤집어 보면 섬뜩한 현실을 볼 수 있다. 대한민국에서는 공공기관이 곧 드러날 거짓말을 하는 데에 전혀 부담을 느끼지 않는다는 점이다. 오히려 이런 점을 지적하는 사람이 매도되고 사회에서 매장되어 버리기 쉽다. 이는 단순히 박물관 한 곳에서만 일어나는 일이라고 치부해 버리기도 찜찜하다.

사실 박물관이 근거로 삼는 관련 전문가들의 의견 자체에서, 근거를 원천적으로 조작해 놓는 경향도 드러난다. 그런 사례 하나가 《한성백제의 왕궁은 어디에 있었나》라는 책의 뒤쪽에 부록처럼 붙어 있는 전문가들의 토론에서 나타난다. 이 책 293쪽에 있는 도면에도 풍납토성 안의 왕궁이 그려져 있다. 그러니까 이 그림만 보는 사람은 당연히 풍납토성 안에 왕궁이 있었다고 생각할 수밖에 없다.

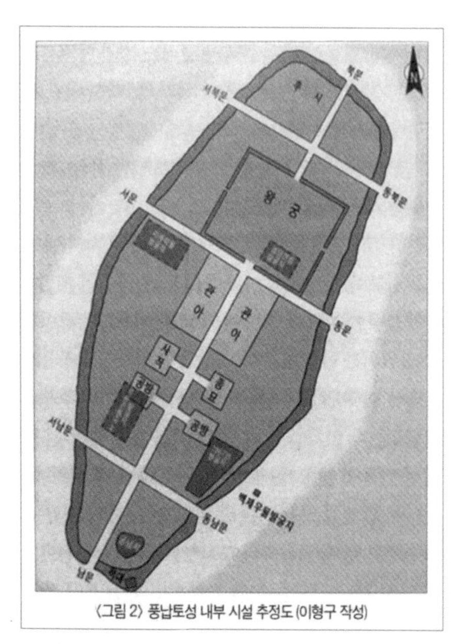

〈그림 2〉 풍납토성 내부 시설 추정도 (이형구 작성)

풍납토성의 내부 시설 추정도

하지만 이 내용은 단순한 추정에 불과하고, 그림 설명에도 추정도라고 쓰여 있다. 그런데 이 그림을 그린 전문가는 추정 이상의 가능성이 있다는 확신을 가지고 이런 추정도를 그렸을까? 이 그림을 자세히 보면 좀 이상한 점이 있다. 왕궁이 있었다고 그려 놓은 그 위치에 이른바 '경당지구'라고 하는 발굴 지역이 자리 잡은 것이다. 그런데 바로 이 지역에서, 조작이나 다름없는 근거를 제외하고 나면 이 지역이 왕궁이라는 점을 확실하게 보여 주는 유물이나 유적이 있었다는 말이 없다. 만약 이 지역에 왕궁이 자리 잡고 있었다면, 왕궁을 구성하는 건물의 한 귀퉁이라도 나왔어야 한다. 그런데 이조차 나오지 않은 곳을 왕궁 지역이라고 그려 놓은 것이다.

그리고 이런 거짓말에는 언론도 단단히 한몫을 했다. 이런 점을 알아볼 사람이 없지 않은데도, 그렇게 많은 관심이 쏟아지던 시점에조차 이 거짓말에 관심을 보였던 언론이 거의 없었으니까. 그렇기 때문에 왕성의 가장 핵심적인 증거라 할 수 있는 '왕궁터'를 두고, 나오지 않은 것을 나왔다고 거짓말 해놓고도 뒤탈이 없는 분위기가 되는 것이다.

그리고 이럴 수 있는 분위기를 조장한 배후가 바로 관련 전문가라는 사람들이다. 2015년 10월의 학술 세미나에서도 이런 상황은 그대로 재현되었다. 사회자였던 최병현 교수가 "풍납토성 안에 왕궁이 있었다는 사실을 의심하시는 분도 있느냐?"라며 패널들의 발언을 유도했던 것이다. 그런데 여기 덧붙인 이야기가 의미심장하다. 뭔가 양심이 간질거렸는지 "물론 발굴되지는 않았지만"이라는 말을 굳이 덧붙여 준 것이다.

그래서 뒤이어진 토의라는 것이, 발굴되지도 않은 왕성이 어디 있었느냐는 주제를 두고 패널끼리 상상의 나래를 펼치는 내용이었다. 고고학이라는 학문 자체를 그나마 '과학적'이라고 인정해 주는 이유는, 확실하게 발굴된 유물과 유구 등을 기반으로 분석하는 데에 원칙을 두고 있기 때문이다. 하지만 이런 장면에서 보이는 일부 고고학자의 행태는 이런 원칙과 거리가 멀다. 책임을 져야 하는 학술 세미나에서의 발언조차도, 나오지 않은 유적을 두고 상상의 나래를 펼치면서 '있었을 것이다'라는 추정을 확실한 결과로 변질시켜 가는 수준인 셈이다. 이렇게 상상을 기반으로 내려진 결론도 '과학적'이라 할 수 있을까? 그러니 이들의 자문을 바탕으로 이루어지는 한성백제박물관의 전시 수준이 당당하게 거짓말을 하는 데에서 벗어날 수 없겠다.

또 다른 눈속임 전시

한성백제박물관에서 관람객들을 우롱하는 전시물은 또 있다. 바로 풍납토성에서 발굴되었다는 토관이다. 이 토관이 하수관이었다며, '풍납토성이 왕도였음을 가장 잘 증명하는 유물'이라고 소개해 놓았다. [사진1-1]

그 이유는 이런 것이다. 토관은 서로 연결해 쓰는 시설물이므로 '규격이 같도록 일정한 틀에 맞추어 고운 흙으로 수천 개를 만들어야 한

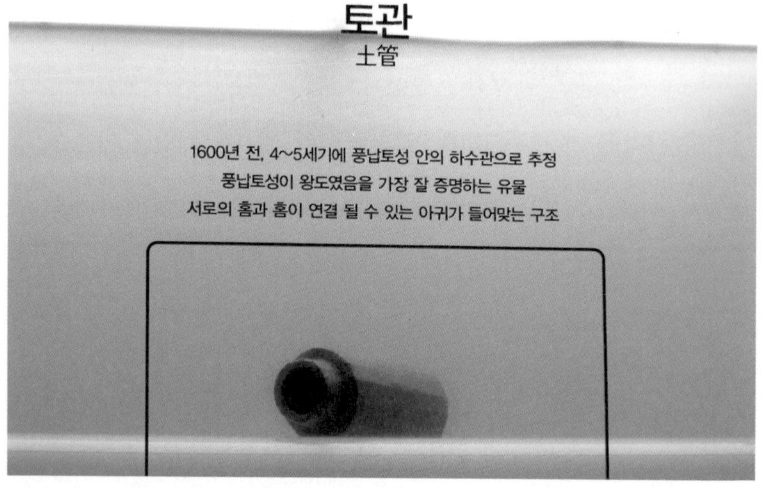

[사진 1-1] 한성백제박물관에 전시된 토관

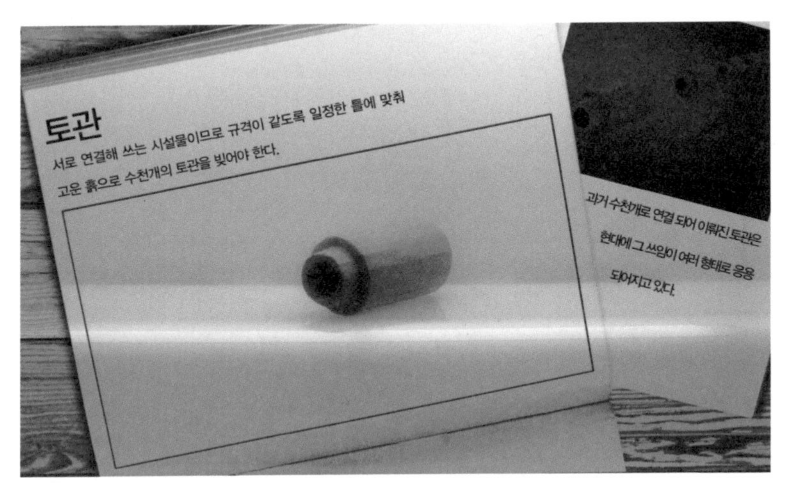

[사진 1-2] 토관은 수천 개씩 만들었다는 설명

다'는 데에서 단서를 찾는다. [사진1-2]

또한, 토관의 방수 효과를 높이려면 그늘에서 천천히 말린 뒤 불가마에서 높은 온도로 구워 내야 한다. 이를 위해 나무 수천 그루를 잘라 말려서 가마 장작으로 써야만 했다. [사진1-3]

이 토관을 묻기 위해 땅을 파고 줄지어 묻는 작업에도 상당한 기술

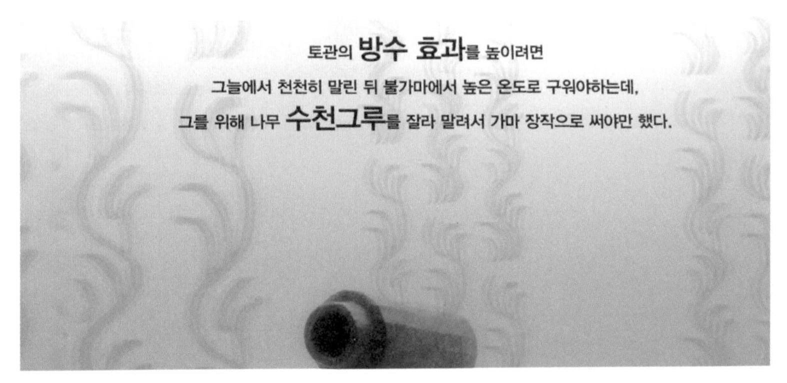

[사진 1-3] 토관 제작에 나무장작 같은 자원이 막대하게 필요했다는 설명

[사진 1-4] 상당한 숫자와 막대한 자원이 필요한 토관의 존재가 수십 명 혹은 수백 명의 기술자들을 장기간 동원할 수 있는 기술력 · 경제력 · 권력의 존재를 시사한다는 설명

이 필요할 것이다. 이러한 점을 보아 토관의 존재는, 수십 명 혹은 수백 명의 기술자들을 장기간 동원할 수 있는 기술력·경제력·권력의 존재를 시사한다고 했다. [사진1-4]

더욱이 이런 토관을 공연히 묻지는 않았을 테니 '이것이 필요할 정도로 거대한 저택과 정연한 도시 구획을 설계할 수 있는 능력과 문화 수준을 보여 주는 근거'로도 삼는다. [사진1-5]

4-5세기 중엽 이런 능력을 갖추고 있던 세력은 백제왕과 그 주변 인물이었을 테니, 풍납토성이 왕도임이 증명된다는 맥락이다. [사진 1-6]

내막을 모르면 매우 그럴 듯한 주장으로 들릴 것이다. 하지만 여기서도 애써 빼놓은 점이 한 가지 있다. 바로 토관을 연결하는 이음새의 지름이 10cm 정도밖에 되지 않는다는 사실이다. 다른 쪽이 좀 넓어봐야 이곳이 좁으면, 토관 전체의 크기는 어차피 이것으로 결정되는

[사진 1-5] 토관이 필요할 정도로 거대한 저택과 정연한 도시 구획을 설계할 수 있는 능력과 문화 수준을 보여 주는 근거라는 설명

[사진 1-6] 4~5세기 중엽 이런 능력을 갖추고 있던 세력은 백제왕이었을 테니, 풍납토성이 왕도임이 증명된다는 설명

셈이다. 이 점이 무엇을 뜻하는지 모를 사람이 있을 수 있으니, 그 의미에 대해 좀 더 설명해 보자.

맑은 물만 흐르는 상수도라면 몰라도, 하수도라는 것은 온갖 더러운 오물이 물에 씻겨 내려가는 곳이다. 이런 목적으로 만든 관을

10cm짜리로 한번 묻어 보시라. 하다못해 일반 가정에서 쓰는 빗물받이 통도 이것보다는 넓다. 그런데 온갖 오물이 흘러나가야 하는 하수관에 이런 넓이의 관을, 그것도 도시 전체의 하수를 처리하자고 수천 개씩 만들어 묻어 놓으면 어떤 꼴이 벌어질지 상상이 안 되나?

며칠 가지도 않아 하수관이 틀어 막혀, 흘러내려 가야 할 더러운 물이 집안으로 역류하는 꼴을 보아야 한다는 이야기다. 필자가 아는 한 요즘 가정집에서도 이것보다는 훨씬 큰 하수관을 쓴다. 그러고도 걸핏하면 관이 막혀 뚫어 대야 했던 경험, 웬만한 사람은 한번쯤 겪어 보았을 것이다. 그래서 이를 아는 사람은 "어떻게 저걸 가지고 하수관이라고 우기냐"라며 돌아서서 비웃는다. 그럼에도 불구하고 이런 전시물이 당당하게 걸려 있다. 이런 전시물이 필자가 출입하면서 본 것만 해도 1년은 넘게 전시되어 있으니까. 멋도 모르는 관람객들은 아직도 이런 전시물을 보면서 위대한 한성백제왕성이라고 감탄하고 있다.

그리고 또 한 가지, 이 전시물은 나중에 나올 한성백제박물관 직원의 논리와도 묘하게 모순이 된다. 이곳에 실장 지위로 소속되어 있는 김기섭은 풍납토성이 난개발한 왕성이라고 주장했다. 그렇지만 이 전시물에서는 "이런 하수관이 필요할 정도로 거대한 저택과 정연한 도시 구획을 설계할 수 있는 능력과 문화 수준을 보여 주는 근거"라고 했다.

이곳 소속 실장이 "풍납토성은 제대로 도시계획이 되지 않은 난개발 왕성"이라고 주장하고 있으면서도, 정작 전시물에는 한성백제가 "정연한 도시 구획을 설계할 수 있는 능력"을 가지고 있었다는 근거로 이런 토관을 내밀고 있는 것이다. 이렇게 앞뒤가 맞지 않는 주장을 사람들 머릿속에 구겨 넣고 있는 곳이, 우리 세금으로 돌아가는 공공기관인 한성백제박물관인 셈이다.

또 한 가지 덧붙여 보자. 이전 책에서도 밝혔고, 이후에도 일부 언급되겠지만, 이 전시물에서는 마치 발견된 적도 없는 '거대한 저택'이 존재했던 것처럼 써놓고 있다. 하긴 발견되지도 않은 왕궁을 당당하게 조작해서 전시하고 있는 곳에서, '저택' 정도를 이렇게 처리하며 양심의 가책 같은 것을 받으리라고 기대하는 것 자체가 바보짓인지도 모르겠다.

결론은 그들만의 리그에서

풍납토성에 대한 시비는 원래 학술 문제이고, 또 그래야만 한다. 물론 여기에는 막대한 예산의 투입 여부와 함께 수만 명 주민들의 재산권 침해를 어떻게 처리해야 하느냐는 현실 문제도 걸려 있다. 하지만 그렇기 때문에라도 학술적인 차원에서부터 문제를 풀어야 한다. '사회적 비용'이라는 측면에서 보아도 학술 차원에서부터 풀어 나가는 편이 효율적이다. 발굴 예산과 보상에는 수십억 단위의 자금이 투입되어야 하지만, 풍납토성이 한성백제왕성인지를 학술적으로 밝히는 데에는 연구자들의 생명수당 정도에 해당하는 자금만 지출하면 되니까.

여기에 발굴부터 들어갔다가 잘못된 선택임이 밝혀졌을 경우에 발생할 사회적 파장까지 감안하면, 단순한 저비용 구조 이상의 의미가 있다. 무작정 밀어붙이는 방식에 비해 연구자들의 학문적 생명을 담보로 한 논쟁을 통해 제대로 이 문제를 검증하면, 나중에 책임 소재도 분명해지는 등의 효과도 있다. 그러니 당연히 관련 분야 전문가들의 검증 과정을 밟는 방식이 비교도 되지 않는 저비용 구조인 셈이다.

그런데도 현실은 이렇게 당연한 방식이 철저하게 무시된다. 관련 분야의 기성학계에 몸담고 있는 사람 대부분은 물론이고, 일부 기자들까지 '검증'이라는 말만 나와도 경기를 일으킨다. 도대체 왜? 하다못해 보상 문제 때문에 한성백제왕성에 대한 시비를 다루게 된 풍납동 주민들도, 반대 논리를 가진 사람을 불러 시비를 가리는 차원의 심포지엄을 열었다. 그런데 학자라는 사람들의 행태는 완전히 다르다. 이런 꼴을 보면 뭔가 잘못되었음은 분명하다.

2015년 10월 5일 프레스센터에서 풍납토성의 성격 규명을 위한 학술 세미나랍시고 열었던 '고대 동아시아의 왕성과 풍납토성'이라는 제목의 학술회의를 보면 '학자'라는 사람들의 행태가 노골적으로 드러난다. 이 학술회의를 공고하면서 그 의미를 소개한 내용은 의미심장하다. "우리 학회에서는 7개 기관과 연합하여 최근 풍납토성을 둘러싸고 벌어지고 있는 각종 잘못 알려진 이슈 등에 대응하고자 학술대회를 개최하게 되었다"라고 해놓았던 것이다.

얼핏 보기에는 상당히 의미 있는 학술대회인 것처럼 보인다. 학술적으로 논란이 있는 주제에 잘못 알려진 사실이 있으면, 당연히 이를 밝히는 것이 관련 전문가와 학회가 할 일이다. 그러니 풍납토성이 백제왕성인지 여부에 논란이 일고 있고, 또 이 지역 발굴사업에 몇 조의 금액이 거론되고 있는 이 시점에 사실을 밝힐 학술대회를 연다는 자체는 큰 의미가 있다.

그런데 속을 들여다보면 이렇게 겉으로 내세운 목적이 진심인지 의구심이 들 수밖에 없다. 주최 측이 내세운 대로 '잘못 알려지고 있는 이슈'를 밝히자면, 당연히 '이슈에 대해 잘못 알려 놓은 당사자'를 대상으로 논리적으로 격파하는 일이 가장 중요한 일이 된다. 그러니 반대 주장을 하는 사람을 불러놓고 공정하고 정정당당하게 논리 싸움을 벌여 제압하는 것이 당연하다. 그런데 바로 그 당사자가 되어야 할 필자는 이번 학술회의가 기획되고 있다는 사실조차 몰랐다.

이 사실은 나름대로 의미심장하다. 이렇게 된 이유가 빤하니까. 언급하기도 민망할 만큼, 이 학술회의 발표·토론자는 당연히 풍납토성을 왕성이라고 주장하는 사람들로 채워졌다. 이 자체가 한성백제왕성에 대한 논란에 관심을 가지고 있는 사람들에게는 황당할 일이다. 이런 행각 때문에 말하나 마나 한 소리를 반복하게 된다.

논란이 있는 문제에 대한 시비를 가리려면 서로 반대 입장에 있는 사람들이 가지고 있는 근거와 논리를 공개하여 시비를 가려 주어야 한다. 뒤집어 말하면 반대 입장을 가진 사람을 배제해 버린 상태에서 어떤 결론이 나올지는 보나 마나다. 즉, 이렇게 기획된 학술회의라는 것 자체가 특정한 결론을 내기 위해 만들어졌다고 해도 지나친 말이 아닌 것이다. 이런 식으로 '학술 세미나'라는 것을 치렀지만, 신형준같이 바로 여기 참여해서 "학술적인 차원에서 문제를 다루는 경우가 없다"라며 질타하는 기자도 있다.

명색이 학자라는 사람들이 학술적인 논쟁이 있는 사안을 이런 식으로 처리할 수 있는 풍조가 대한민국 사회에 무엇을 시사해 줄까? 그리고 여기에는 황당함을 넘어 섬뜩한 측면이 있다. 이 학술대회를 주최·주관한 곳이 도시사학회·백제학회·중국고중세사학회·중부고고학회·한국고고학회·한국고대사학회·한국상고사학회로 되어 있다. 여기에 문화재청·서울시청·송파구청의 후원까지 받았다고 당당하게 명시되어 있다. 여기에 명시된 학회와 후원 기관들의 이름만 보아도, 역사학이나 고고학 관련자들의 기를 죽이기에 충분할 것이다. 이렇게 고대사 관련 학회 거의 전부가 풍납토성을 한성백제왕성이라고 주장하고 있고, 대한민국 문화재청을 필두로 서울시청·송파구청의 후원까지 받고 있으니 말이다.

그런데 좀 이상하다. 원칙적으로 학술적인 논란은 근거와 논리에 의해 결론이 나야 하는 것이지, 세력을 과시하는 것으로 결론지어서는 안 된다. 그러니 풍납토성이 한성백제왕성이냐 아니냐도 예외가 될 수는 없다. 이런 점을 모를 리 없는 학술단체들이 반대 주장하는 측을 배제해 놓은 채, 특정 결론을 낼 사람들만 모아 학술대회라는 것을 하겠다는 것이다. 이 정도면 '학술대회'라기보다 '궐기대회'라고 하는 편이 낫겠다. 이런 짓을 대한민국 지성이라는 학자들이 해도 되는 것일까?

'보상'이라는 경제적 이익 때문에 관련 심포지엄을 주최한 풍납동 주민들 쪽에서도, 반대 주장을 하는 인사들을 찾아 시비 가릴 기회를 주었다. 이때 반대 토론할 사람을 구하는 데 얼마나 어려웠는지 모른다. 필자 혼자서만 십여 명을 추천했는데, 거의 다 황당한 핑계를 대고 도망가 버리고, 겨우 박순발·이도학 교수만 나섰다. 그런데 그때 시비 가리자는 자리를 회피한 당사자 상당수가 이번 학술대회에는 나왔다. 하필 지난번에 나섰던 사람이 이번에 빠진 것도 이채롭다.

어쨌든 비전문가들도 최소한의 도리는 했는데, 순수하게 학술적 시비를 가리는 데 집중해야 할 학자들이라는 사람들이 기본적인 도리를 저버린 셈이다. 명색이 학자라는 사람들이 어떻게 해서 반대 주장 펴는 측을 일방적으로 소외시켜 놓은 채 '잘못 알려지고 있는 이슈'를 밝히겠다는 학술대회를 개최할 발상을 했을까? 그리고 이런 발상에 7개 단체나 되는 학술단체, 대한민국 문화재청과 서울시청·송파구청 관계자 중 누구 하나 문제가 있다는 생각을 안 했다는 뜻이다. 있었다 하더라도 이 단체와 기관을 끌고 가는 핵심 요인들이 철저하게 무시했다는 이야기가 되니, 양심 있는 사람이 있었다고 해도 별 의미는 없겠다.

이런 짓을 해놓고도 주변에서 대한민국의 지성이라는 학자 분들이 하는 언행을 보면 가관이다. 우리 사회를 이끌어 가는 정치인들이 사리사욕 채우기에 바쁘다고 목소리를 높이는 집단 중 하나가 바로 이들이니까. 이렇게 위선적인 행각을 벌이는 사람들이 우리 아이들을 가르치고 있다. 학부모 등이 휘어지는 등록금으로 월급 받아가면서. 우리 사회가 왜 점점 파렴치한 사회가 되어 가는지 더 설명할 필요가 없을 것 같다.

우악스러운 정치까지 가세한 풍납토성 시비

풍납토성 관련 문제가 중요하기는 한 모양이다. 이 문제가 대한민국의 주요 현안을 다룬다는 국정감사에까지 등장했으니 말이다. 이 자체야 당연한 일이라 할 수 있다. 한번 시작했다 하면 기본적으로 몇 조의 예산이 투입되어야 하는 데다가, 수만 명 주민들의 생존권 문제가 걸려 있는 사안이다. 그러니 국민의 생활을 살펴야 하는 국회의원이 국정감사장에서 이런 문제를 거론하는 사실 자체는 당연하다 할 것이다.

그런데 바로 이렇게 중요한 의미를 가진 국정감사장에서 대한민국 국회의원이라는 사람에게서 이해가 가지 않는 발언이 나왔다는 보도가 있었다. 〈송파타임즈〉라는 지역 신문에 보도된, 2015년 10월 7일 국회 교육문화체육관광위원회 종합감사 중에 있었다는 질의 응답에 관한 내용이었다. 이 자리에서 새누리당 박인숙 의원이 나선화 문화재청장에게 "근거 없는 책동으로 왕궁터가 아니라고 유언비어를 확산하는 측에, 문화재청에서 확실하게 대처"하라는 주문을 했다 한다. 이에 대해 나선화 문화재청장은 '풍납토성은 왕성'이라는 소신(?)을 밝혔다 하고.

박인숙 의원 말대로라면 졸지에 '유언비어를 퍼뜨려 근거 없는 책동'을 한 당사자가 된 필자로서는 황당할 뿐이다. 박인숙 의원이 무슨 생각으로 이런 발언을 했는지는 몰라도, 문제의 본질을 제대로 파악하고 있는 것 같지는 않다. 풍납토성이 한성백제의 왕성이었느냐 아니냐는 문제는 본질적으로 학술적인 차원에서 다루어야 한다.

그런데 그 주체가 되어야 할 '학자'와 '학회', '공기관'들이 무슨 짓을 하고 있나? 당장 국정감사에서 이런 말이 나오기 며칠 전만 해도, 학자라는 사람들이 반대 의견 가진 측을 철저하게 배제해 놓고 자기들끼리 마음대로 결론을 내려놓았다. 거기서 그치지 않고 그렇게 내려놓은 결론을 바탕으로, 내막도 모르는 국회의원으로 하여금 국정감사를 하는 자리에서 상대를 매도하도록 만들었다. 그리고 비록 지역신문이기는 하지만, 언론에서 그 내용을 보도했다. 이들은 전문 학술단체뿐 아니라 국가와 지방자치단체 산하 기관이 막대한 지원에, 국회의원까지 동원하고 있는 셈이다. 도대체 어느 쪽이 '책동'을 하고 있는 것일까?

'책동'을 위해 수단과 방법을 가리지 않는다는 측면에서라면, 풍납토성을 왕성이라고 몰아가는 쪽의 전통이 훨씬 깊을 것이다. 그 점에 대해서는 고 강찬석 선생과 공저로 책을 집필하기 위해 자료를 받아든 필자가 경악했을 정도로 심각한 경우도 있었다. 풍납토성에 대한 현재의 인식을 굳히는 데 결정적인 역할을 했던 김태식 기자의 경우였다. 그의 저서 《풍납토성, 500년 백제를 깨우다》는 풍납토성이 한성백제왕성이라는 인식을 심는 데 결정적인 역할을 했다고 해도 지나친 말이 아니다. 물론 당사자는 이 책을 바탕으로 언론계는 물론, 학계에서까지 자기 위상을 굳혔다. 이후 학자들보다 더 훌륭한 한성백제왕성 전문가로 대우를 받았으니까.

그런데 그 책의 근거 대부분이 바로 강 선생이 발굴한 자료를 이용한 것이었다. 즉 왕성이 아니라는 증거들을 이용하여 왕성이라는 논지의 책을 만들어 발표했다는 뜻이다. 당연히 근거 대부분에 대해 이런 저런 조작과 왜곡을 자행할 수밖에 없었다. 이런 행각은 설사 나중에 풍납토성이 왕성이라는 결론이 난다 하더라도, 용서받을 수 없는 학문적 만행이다. 이런 짓까지 하면서 풍납토성을 한성백제왕성으로 만들어 간 것이다.

필자 역시 강 선생을 만나기 전까지는 김태식 기자의 책을 매우 훌륭한 저서로 생각하고 있었으니, 내막을 모르는 사람들은 아직도 속고 있을 수밖에 없다. 이렇게 파렴치한 행각도 검증되지 않은 채, 기자 한 사람의 출세 수단으로 당당하게 이용되는 것이 대한민국 사회의 검증 수준이다.

2015년 10월 5일 있었던 학술대회에서도 마찬가지다. 하긴 반대 증거를 자기 편리할 대로 둔갑시켜 풍납토성을 왕성으로 몰아간 김태식 기자도 바로 여기에 참여했다. 이 학술대회가 열리기 이전부터도, 필자는 반대 의견을 가진 측을 철저하게 배제한 여기서의 결론이 어떨 것이라는 점을 예언한 바 있다. 아니나 다를까, 현장에서 지켜본 이 학술대회의 진행은 국회에서의 날치기 통과조차도 점잖게 느껴질 정도의 분위기였다. 명색이 7개 전문학회가 참여한 학술대회라는 곳에서, 제대로 된 반대쪽 연구자가 있다면 그 자리에서 드러날 거짓말을 근거로 들이댄 경우가 내용의 대부분이었다. 그런 내용을 이용해서 반대 의견을 매도하는 방식으로 진행되었다.

앞으로 기회가 주어지는 대로 그 거짓말들에 대해서 밝혀 나아가기로 하겠지만, 벌써부터 그런 기회를 잡기가 쉽지 않겠다는 생각이 든다. 최소한의 양심이라도 있다면 학문적인 차원에서는 도저히 생각할 수 없는 행각을 벌여 상대를 매도해 놓았으니, 앞으로도 이들이 제대로 된 검증을 시도하려 할 수는 없을 것이다. 그렇기 때문에라도 상대의 입을 막는 데에 더 주력하겠지만.

그렇기 때문에라도 7개나 되는 학술단체에서는 풍납토성 관련 문제를 세력 과시와 정치인을 동원한 매도로 해결하려는 것이겠다. 점잖은 척하는 학자들이 그야말로 '책동'을 해대는 이 사태를 뒤집어 보면 그야말로 섬뜩한 이면이 보일 것이다. 이런 사태를 단순한 오만과 편견, 아집 때문이라고만 보기는 어렵다. 뭔가 이래야 할 만한 이권이 걸려 있지 않은 바에야 이렇게까지 할 리는 없다. 사실 발굴비용에 대한 고고학계의 집착을 감안하면, 그 이권이 어떤 것인지 짐작하기 어렵지도 않을 것이다.

사업은 무조건 벌이고 본다!

이렇게 거짓말을 양산하며 풍납토성을 한성백제박물관으로 몰아가는 이유가 무엇인지 시사해 주는 것이 '한성백제유적 복원'과 '세계문화유산 등재 추진'이다. 최근까지 이어졌던 〈경향신문〉 김향미 기자의 보도에 따르면, 서울시에서는 '2000년 역사도시 서울 보존'이라는 명분 아래 '7,404억 원을 투입'할 것이라 한다. 이를 위해 풍납토성 복원·정비사업을 본격적으로 추진하려는 것이다. 이와 관련된 기사를 보자. 다음은 2016년 3월 28일 올라온 〈경향신문〉 김향미 기자의 기사다.

서울시가 풍납토성·몽촌토성 등 한성백제 유적의 유네스코 세계문화유산 등재를 위한 프로젝트를 본격 추진한다. 서울시는 한성백제 유적의 유산적 가치 및 보존·활용 방안 등에 대한 학술 연구용역 공고를 이달 말에서 다음 달 초 사이에 낼 예정이라고 28일 밝혔다. 이번 연구용역은 2020년 한성백제 유적의 세계문화유산 등재를 위한 중장기 전략 로드맵을 담게 될 것이라고 시는 설명했다. 지난해 7월 세계문화유산에 등재된 '백제역사유적지구(공주·부여·익산)'와의 연계 방안도 연구 대상이다.

시는 이번 학술연구(학술대회 등 포함)를 통한 자료들을 바탕으로 연말쯤 문화재청에 한성백제유적의 잠정목록 등재를 신청할 계획이다. 내년 상반기 잠정목록에 등재되면 2018년 우선 등재 대상으로 선정될 수 있다. 단, 유네스코가 한 국가당 1년에 한 번 세계문화유산을 등재하기 때문에 잠정목록에 오른 뒤에도 국내 다른 잠정 목록 유산들과 경쟁해야 한다. 서울시는 2019년 세계문화유산 등재 신청서를 제출하고, 유네스코 본 심사를 거쳐 2020년 등재를 목표로 하고 있다. (중략) 서울시는 그동안 한성백제 유적 발굴과 학술연구를 지속해 왔고, 올해는 세계문화유산 등재 추진 일정에 맞춰 잠재목록 등록을 위한 준비작업을 한다.

지난 15일에는 백제유적 관련 유관기관과 민간 전문가 등 25명으로 구성된 '한성백제왕도 세계유산등재추진위원회'가 구성됐다. 위원회에는 서울시를 비롯해 문화재청과 충남 등 다른 지자체들도 참여했다. 분기별 회의를 열고 서울 백제역사유적 발굴·보존·관리·활용·등재 등을 자문하는 역할을 한다. 또 시민단체와 주민들이 참여한 '한성백제시민위원회'도 꾸려졌다. 이들은 풍납동 보상건물 활용과 문화예술촌 조성사업, 시민 강

좌, 체험 코너 등 운영에 대한 시민 의견을 수렴할 예정이다. 현재 공사 중인 지하철 9호선 3단계(잠실운동장~보훈병원) 구간에 '한성백제역'을 지정하는 방안도 추진된다. 시는 현재 공정률 65%인 9호선 신설역 중 한성백제 유적 집중지역에 들어서는 역사의 지명을 한성백제역으로 지정, 인근 유적지를 홍보하고 지하철역 내부를 한성백제 관련 디자인으로 꾸밀 예정이다.

이 기사에 의하면 2015년 10월 학술 세미나 이후, 서울시는 풍납토성을 중심으로 한 한성백제 유적을 발굴하며 유네스코에 세계문화유산 등재를 추진할 것이라는 이야기가 된다. 이와 관련된 기사는 주기적으로 보도되었다. 이는 다음과 같은 2016년 7월 13일의 기사로 이어졌다.

서울 풍납토성 복원·정비사업이 본격화된다. 송파구는 한성백제 시기 왕성으로 추정되는 풍납토성 복원·정비사업을 위해 지난 5월 조직개편을 통해 역사문화재과를 신설했다고 13일 밝혔다. 구는 지난해 대비 3배 이상 늘어난 보상예산과 향후 5년간 5,137억 원의 막대한 예산을 효과적으로 집행하고 체계적인 사업 추진을 위해 역사문화재과 내 문화재보상팀을 배치했다고 설명했다.

송파구 관계자는 "풍납토성 복원·정비 사업과 관련해 보상, 복원, 정주성 향상, 관계기관 협의강화 등의 테마를 정해 주민과 관계기관, 전문가와 함께 해법을 찾을 계획"이라고 말했다. 특히 보상을 두고 주민과 서울시·문화재청 등 관계기관과의 입장차가 존재한다. 주민 입장에서는 충분한 보상을 강력히 요구하고 있고, 기관 입장에서는 순차보상에 따른 발굴로 사업 장기화와 막대한 예산확보라는 어려움이 있다.

풍납동 토성 복원 사업은 1993년부터 총 6,000억 원 가량이 투입됐지만, 보상은 대상의 57%만 이뤄지고 발굴은 8.7%만 이뤄지는 등 사업 추진이 더딘 상황이다. 구는 사업의 특수성을 고려해 특별법 제정 등 국가적 차원의 지원과 대책이 필요하다는 점을 관계 기관에 설득하고 협조를 구할 계획이다. 박춘희 송파구청장은 "주민 애로사항을 꼼꼼히 듣고 챙겨볼 것"이라며 "역사적 가치가 높은 풍납동 토성이 원형대로 복원돼 아름다운 문화유산으로 보존할 수 있도록 노력을 아끼지 않겠다"라고 말했다.

앞서 서울시는 지난해 연말 풍납토성 복원에 따른 주민 토지 보상을 앞당겨 유네스코 세계문화유산 등재를 목표로 하고 있는 2020년까지 마치겠다고 밝힌 바 있다. 시는 향후 5년간 지역주민 토지 보상에 5,137억 원을 집중 투입한다. 서울시에 따르면 올해 풍납토성 보상비는 문화재청·기획재정부, 국회와 협의해 지난해(71억 원)보다 크게 늘어난 571억 원으로 확정됐다. 조기보상 대상지는 왕궁이 있던 곳으로 추정되는 2~3권역 내 핵심지역과 기존에 보상을 신청한 지역 등 총 5만 1,000㎡다.

이 기사대로라면 "1993년부터 총 6,000억 원 가량이 투입됐지만, 보상은 대상의 57%만 이뤄지고 발굴은 8.7%만 이뤄지는 등 사업 추진이 더딘 상황"에서도, 서울시는 막대한 예산을 더 투입하여 발굴과 세계문화유산 등재를 강행하겠다는 뜻이 된다. 이러한 기사는 2016년

말까지 이어졌다. 2016년 11월 1일에는 '역사도시 서울 기본계획'과 함께 풍납토성·몽촌토성 등 한성백제 유적의 유네스코 세계문화유산 등재 프로젝트와 관련된 기사가 또 올라왔던 것이다.

> (상략) 서울시는 또 서울역사편찬원에 연구 기능을 강화키로 하고 싱크탱크인 서울역사연구원을 설립한다. 연구원에는 시민 역사문화 교육을 담당하는 역사문화교육정보센터를 설치한다. 시는 한성백제유적을 백제역사유적지구로 확장 등재하기 위해 부여, 공주 등 타 지자체들과 협력체계를 갖춘다. 풍납토성·몽촌토성 등 한성백제 유적의 유네스코 세계문화유산 등재 프로젝트와 관련해선 풍납토성 관련 주민 보상 예산 중 약 4,000억 원이 기본계획에 포함됐다.

이런 기사들을 보면, 서울시가 꾸준히 풍납토성에 대한 발굴과 유네스코 세계문화유산 등재를 추진해 왔고 또 추진할 것이라는 점은 명백하다. 이에 더하여 연구와 홍보에까지 투자할 모양이다. 이 기사들에서 밝혀 주는 예산만 해도, 대부분 건마다 기본 수천억 원씩 투입되는 막대한 금액이다. 그러고도 '보상은 57%, 발굴은 8.7%'에 그쳤다고 하니, 앞으로 들어갈 금액을 서울시 단위의 예산으로 감당하지 못할 것은 분명하다. 그럼에도 불구하고 서울시는 이 프로젝트를 강행하겠다는 이야기다.

그런데 풍납토성 자체가 한성백제왕성이 아니라면 어찌될까? 이런 식이면 조 단위를 넘어 필경 수십조 단위까지 불어날 예산을, 한성백제의 변두리 성 발굴에 투입했다는 뜻이 된다. 더 나아가 이런 성(城)을 유네스코에 세계문화유산으로 등재하겠다는 이야기다. 풍납토성이 한성백제의 중심지였던 왕성이 아니라면, 굳이 이렇게 막대한 자금과 노력을 들여 세계만방에 광고할 필요가 없을 것이다. 그러니 일단은 신중하게 확인할 필요는 있을 텐데, 이런 신중함에 대해서는 별 관심이 없다는 점을 분명히 해준 셈이다. 물론 나중에 '풍납토성은 한성백제왕성이 아니다'라고 밝혀진 다음의 후유증은 걱정하지 않겠다는 뜻이 되겠다. 막대한 국민 혈세는 이미 이런 사업에 참여하는 누군가의 이익을 위해 집행되고만 다음일 테니…. 이런 태도를 보면 풍납토성에 집착하는 측의 목적을 이해할 수 있지 않을까?

2장

알아듣지 말아라!

한성백제왕성에 대한 논란뿐 아니라, 전문적인 지식이 필요한 문제에 대한 논쟁에서는 당연한 원칙이 있다. 전문가라는 사람들이 내용을 잘 모르는 사람들에게 알기 쉽게 설명을 해주어 가면서 자신의 주장을 알리고 설득해야 한다는 점이다. 이렇게 누구나 알 만한 이야기를 새삼 꺼내는 것이 이상하게 느껴질 수 있을 것이다.

이런 이야기를 꺼낼 수밖에 없는 이유는 간단하다. 많은 사람들이 믿고 싶어 하지 않지만, 현실은 원칙대로만 돌아가지 않는다. 한성백제왕성에 관한 논쟁의 경우에도 마찬가지다. 많은 사람들은 전문가들이 열심히 근거를 제시하면서 논리적으로 설명해 준 다음에 결론을 내린 것처럼 보이기 때문에 전문가들의 결론을 받아들인다.

그렇지만 그런 설명이라는 것 대부분이 눈속임에 불과하다는 점까지 아는 사람은 많지 않다. 이들이 설명이랍시고 해주는 내용을 보면 실제로는 알아듣지 못하게 말을 이리저리 꼬아놓고, 원하는 결론을 내려 버리는 것이 대부분이다. 내막을 모르는 비전문가들은 의외로 이런 수법에 쉽게 넘어간다. 한성백제왕성을 둘러싼 논쟁의 경우는 평균 이상으로 심할 뿐이다. 앞으로 나올 이야기들을 통해 이것이 어느 정도인지 보여 주려 한다.

왕궁과 왕성을 구별하려 하지 않는 '전문가'들

왕성에 대해 언급하려면 분명히 해놓아야 할 개념이 있다. 바로 '왕궁'과 '왕성', '도성' 등이다. 다른 것은 몰라도 가장 기본적인 이 개념을 분명하게 해놓지 않으면, 도대체 어느 부분을 가지고 설명하는지 알아듣지 못하게 되기 십상이다. 그러한 사례에 대해서는 이후 지겹도록 제시하겠지만, 어쨌든 그렇기 때문에 최소한 '왕궁'과 '왕성' 개념 정도는 분명하게 구별해 주어야 한다.

물론 우리 조상님들께서는 후손들을 위해서 이런 용어를 구별해 놓는 친절을 베풀지 않았던 경향은 있다. 그래서 사료(史料)에도 이런 용어들이 섞여 쓰이고 있어 뭐가 뭔지 헛갈리게 만들기도 한다. 하지만 그렇다고 해서 구별하기가 그리 어렵기만 한 것도 아니다. 그런 차원에서 필자가 어떻게 구별하면 좋을지 일단 제시해 보고자 한다.

'왕궁'이라 하면 왕을 중심으로 한 왕족들의 생활공간이자, 나라 일을 돌보는 업무공간 정도로 보면 큰 무리가 없다. 현대로 말하자면 '청와대' 정도의 개념이 되겠다.

이에 비해 '왕성'은 일반 백성들이 사는 공간과 도로 같은 시설까지 포함한 지역으로 이해하면 될 것이다. 현재로 말하면 '서울' 정도의 개념에 해당한다. '왕도'나 '도성'은 왕성 부근에 건설된 도시들까지 포함된 개념으로 보면 무리가 없을 것 같다.

백제는 고구려와 마찬가지로 평지에 지어진 왕성 주변에 세트처럼 또 다른 성을 짓는 경우가 많았다. 특히 수도 주변의 산에 산성(山城)은 거의 필수적으로 짓는 전통이 있었다. '왕도'나 '도성'은 이런 성들까지 포함된 개념으로, 요즘 식으로 말하자면 '수도권' 개념으로 이해하면 무리가 없지 않을까 한다.

물론 나중에 '왕궁'을 '왕성'으로, '왕성'을 '왕도'로 조정한다 하더라도 크게 무리가 생기는 것은 아니다. 그렇지만 고구려 수도였던 평양의 왕성을 보면, 필자가 규정하는 이유가 좀 더 분명해 질 수 있을 것 같다. '안학궁'은 왕의 생활공간이자 업무공간이고, 백성들이 사는 공간과 도로 같은 시설까지 포함한 지역은 '장안성'이다. 그러니 필자가 제시한 대로 '왕궁'과 '왕성'으로 부르는 편이 이해하기 더 쉬울 것이다.

그런데 왜 굳이 '왕궁'을 '왕성'으로 '왕성'을 '왕도'라는 식으로 부르며, 혼선을 부를까? 그 점을 이해하기 위해 왕성 전문가 행세를 하는 사람들이 어떻게 '설명'이라는 것을 해놓고 있는지 보자. 사실 자신의 논리를 증명하려 한다면, 비전문가들도 알기 쉽게 근거를 제시하며 논리적으로 설명해 주어야 한다. 그런데 이 분야에서 만큼은 너무나 당연한 논증 과정으로 문제를 해결하려는 태도가 거의 보이지 않는다. 이는 상황을 제대로 설명해 주기 싫을 때 나타나는 현상이다. 아닌 게 아니라 이들의 논리를 잘 살펴보면 이해하기 쉽게 설명해 주는 것이 아니라, 일부러 알아듣지 못하게 말과 논리를 더욱 꼬아 놓은 것을 발견할 수 있다.

그러한 사례로 우선 서울시립대학교 신희권 교수의 설명을 인용해 보자.

> '왕성'이라 함은 '왕이 있는 곳을 에워싼 성'이란 뜻이므로 평상시 왕이 거주하는 성을 일컫는다. (중략) 이때의 왕성이라는 개념은 '궁성'이란 이름으로 사용하는 것이 보편적이다. 이에 반해 '왕도'는 '왕성을 포함한 도읍지'란 의미가 강한 것으로, 위의 '왕성' 내지 '궁성'을 포함하여 일반 백성들이 거주하는 공간까지를 다 아울러 부르는 이름이라 할 수 있다.

이렇게 설명해 두면 비교적 명확하고 알기 쉽게 '왕성'에 대해 정의해 둔 것 같다. 일단 이와 같은 신희권 교수의 설명을 최대한 존중해 보면, '왕성'은 곧 '평상시 왕이 거주하는' 궁성이 되는 셈이다. 그래서 '왕성(=궁성)'이라고 표시해 두기까지 했다. 필자가 왕궁이라고 부르는 개념을 왕성이라 했다는 자체야 나중에 용어를 통일하면 될 문제이니 받아들여 놓자. 그런데 이를 풍납토성에 적용시켜 보면 어떻게 될까? 여기서부터 슬슬 헷갈리게 만든다. 다음 내용은 위에서 보여드린 인용문의 몇 줄 뒤에 붙어 있는 신희권 교수 발표문에서 인용한 것이다.

> 이 개념을 한성백제시대에 미리 적용하여 본다면, 한성백제시대 전기의 '하남위례성'은 '왕성(=궁성)'이자 '도성'의 개념으로 사용되었을 것이고, 후기의 '한성'은 '북성'과 '남성' 두 개의 '왕성(=궁성)'으로 구성된 도성 전체를 가리키는 개념으로 사용되었다고 볼 수 있겠다. (하략)

이 설명에 의하면 풍납토성은 왕궁일까 왕성일까? 헛갈리게 만든 부분은 바로 "한성백제시대 전기의 '하남위례성'은 '왕성(=궁성)'이자 '도성'의 개념으로 사용되었을 것이고"라는 문장이다. 이 문장을 자세히 들여다보면 고의성이 의심될 만큼 왕궁과 왕성의 개념을 헛갈리게 만들고 있다.

아직도 왜 헛갈리는지조차 모를 사람도 있을 수 있으니 좀 뜯어서 설명해 보자. 우선 한성백제 시기를 별다른 기준 제시도 없이 전기와 후기로 나누어 놓았다. 그렇게 해놓았으니 그의 설명에 따르면 언제가 기준인지는 몰라도, 전기의 '하남위례성'과 후기의 '한성'은 개념이 달랐다는 이야기가 된다. 그러다 후기가 되어서야 백제는 겨우 '북성'과 '남성' 두 개의 '왕성'을 가진 체제를 가지게 되었다고 보아야 한다.

여기까지 그렇다 치더라도, 그래서 "전기의 '하남위례성'은 '왕성(=궁성)'이자 '도성'의 개념으로 사용되었을 것"이라는 말은 도대체 무슨 뜻이 되는 것일까? 이를 글자 그대로 새기면 '하남위례성'은 '왕성(=궁성)'이면서 '도성'일 수도 있다는 알쏭달쏭한 이야기밖에 안 된다. 이건 이율배반이 성립하는 형이상학적 문제가 아니다. 그런데도 도대체 같은 성(城)을 놓고 '왕궁도 되고 왕성도 된다'는 식의 논리가 가능하다는 이야기일까?

그나마 후기의 '한성'에서는 윤곽이라도 잡을 수 있다. "'북성'과 '남성' 두 개의 '왕성(=궁성)'으로 구성"되었다고 했으니, 풍납토성은 '왕궁'에 해당한다는 점은 분명히 한 셈이다. 그러고 보면 여기서 또 의문이 생긴다. 분명히 말을 하지 않고 알아듣기 어렵게 참 많이도 돌려 설명했지만, 결국 '풍납토성은 궁성(왕궁) 개념이다'라고 이야기하고 만 셈이다. 이럴 것이었다면 무엇 때문에 전기의 '하남위례성'을 따로 떼어내어 왕궁인지 왕성인지 알아보기 어렵게 만들어야 했을까?

상식적으로만 생각하자면, 풍납토성은 전기의 왕성일 뿐이고 개로왕이 있었던 하남위례성은 아직 실체가 드러나지 않은 다른 곳이라고 주장하지 않을 바에야 굳이 이런 내용을 써놓아야 할 이유가 없을 것이다. 그런데 이에 대한 해답은 신희권 등이 애써 빼놓은 사실에서 얻을 수 있다.

눈속임 릴레이

왕궁과 왕성을 구별하기 어렵게 말이 오락가락하는 현상의 원인을 보여드리기 전에, 다른 연구자의 비슷한 주장도 하나쯤 더 참고해 보아야 할 것 같다. 앞서 말한 문제는 비단 신희권에게만 나타나는 현상도 아니기 때문이다. 그래서 바톤 터치 하듯 눈속임 릴레이를 하는 다른 연구자의 설명도 비교해서 살펴볼 필요가 있을 것으로 여겨진다.

신희권과 비슷한 맥락으로 왕성 개념을 설명하는 또 다른 인물이 한성백제박물관 소속 김기섭 실장이다. 그는 풍납토성과 비교대상으로 고구려의 집안 국내성, 신라의 경주 월성 등을 제시하며 간접적으로 왕성의 개념을 설명하고 있다. 그의 주장을 인용해 보자.

왕성의 성벽 길이는 전체 둘레 2.5km 안팎이다. 이는 당시 왕도의 인구밀도와 밀접히 관련된 것으로서 낙랑군의 수현(首縣)인 조선현의 인구가 5만여 명이었다는 점에 주목해야 한다. 시기 차이는 다소 있을지라도 행정체계, 상업 및 수공업 기술 수준, 기간 시설 및 교통로 등의 여건을 감안하면 3~4세기 삼국의 왕도(王都) 역시 조선현과 크게 달랐다고 보기 어려우며, 그것이 국내성·월성의 크기에 어느 정도 반영되었다고 생각한다.

왕족·귀족·고위관리의 일부를 제외한 일반 백성 상당수는 성 바깥에 설정한 상공업 및 일반 주거지역에서 생활한다. 삼국시대 전기에는 중국처럼 상공업구, 주거구 등 광범위한 지역을 포괄하는 곽(郭)을 만드는 것이 어렵거나 불필요했으므로 유사시에만 안전한 산성 등으로 거처를 옮겨 옹성하는 방식을 택하였다.

백제의 초기 왕성이던 하남 위례성은 4세기 무렵 '한성'으로 확대 재편되었는데, 한성은 북성과 남성으로 이루어졌다. 백제왕과 왕족들은 평소 북성에서 살다가 전쟁이 나면 남성으로 옮겨서 수비한 것으로 보인다. 북성은 지금의 서울 풍납동토성이고, 남성은 서울 몽촌토성으로 추정되고 있다.

한성은 북성과 남성 2개의 성으로 구성되었으므로 도시구획이 정연할 수 없었을 것이다. 더욱이 북성과 남성이 각각 지금의 풍납토성과 몽촌토성에 해당한다면, 그 중심이 어느 쪽이든 나중에 사비도성(泗沘都城)에서 실시된 5부5항제라든가 고구려와 신라의 조방제(條坊制)·방리제(坊里制)처럼 정연한 도시구획은 애당초 기대하기 어렵다.

도시를 바둑판처럼 구획하는 조방제는 백제가 나성을 쌓은 사비시대에도 실시되지 않았다고 보는 것이 일반적이다. 그러나 사비도성의 5부5항제와 나성 건설 방식이 북위 낙양성(洛陽城)으로부터 영향을 받았다든가 중국 남조(南朝)의 건강성(建康城)을 모방했다고 볼 만한 부분이 있어, 적어도 조방제의 흔적만큼은 분명하게 찾을 수 있다. 그런데 한성시대의 도성제에서는 아직 그와 같은 흔적을 전혀 발견할 수 없다. 사비 도성의 5부5항제를 백제가 엄격한 신분질서에 입각하여 주례주의(周禮主義) 정치이념을 추구한 증거라고 해석하는 견해가 옳다면 한성시대에는 아직 그와 같은 이념이 반영될 수 없었다고 해야 한다.

그러면 이제 조금 더 구체적으로 한성의 풍경을 상상해 보자. 먼저, 한때의 왕성으로 추정되는 몽촌토성 내부에서 서로 교차하는 듯한 도로 흔적이 발견되었다. 풍납토성 내부의 도시 구조는 비교적 정연하였을 것이다. 중국의 전국시대 도성처럼 백제의 북성 내부에는 일반인의 주거지도 있었다. 그러나 중국의 도시 외곽성은 평균 둘레가 15km에 달하는데 반해, 백제의 북성은 3.5km에 불과하여 많은 인원을 수용하기 어렵다. 따라서 상당수의 민가는 성곽 바깥에 건축되었을 것이다.

여기서도 왕궁·왕성 등의 개념을 알아듣기 쉽게 설명해 주기보다, 이말 저말 뒤섞어 놓으며 말을 돌리는 현상을 엿볼 수 있다. 그렇지만 잘 뜯어보면 여기 나타난 입장 역시 신희권과 큰 차이가 없다. 비교대상이 경주 월성인 점, "왕성의 성벽 길이가 2.5km 안팎", "상당수의 민가는 성곽 바깥에 건축되었을 것"이라는 문장 등에서 필자 개념의 왕궁을 왕성이라 표현하고 있음을 알 수 있는 것이다. 그러니까 김기섭의 논리에서도 북성인 풍납토성을 왕궁이라고 한 셈이다.

그런데 재미있는 점은 김기섭이 토론 중에 말을 뒤집었다는 사실이다. 자신의 입으로 "풍납토성이 왕성이냐 물으면 그렇다고 한다. 그렇지만 궁성이냐 하면 아니라고 이야기하는 편"이라 했다. 결국 김기섭은 설명할 때에는 풍납토성이 필자 개념의 왕궁인 것처럼 해놓고, 나중에는 '왕궁이 아닌 왕성'이라고 말을 바꾼 셈이다. 이들은 도대체 왜 이렇게 사람들을 헛갈리게 만들어야 할까?

왕궁 안에 민가(民家)가 있었다?

왕성 시비가 걸리는 풍납토성을 두고, 이와 같이 왕궁인지 왕성인지조차 알아듣기 어려울 정도로 말을 돌리는 이유는 의외로 간단하다. 이들이 애써 언급하려 하지 않는 사실 하나만 확실히 알고 있으면 이렇게까지 하는 이유를 알아보기 어렵지 않다는 것이다. 바로 풍납토성 안에서 23평 정도 되는 거대한(?) 오두막이 여러 개 발견되었다는 점이다. 설마 23평짜리 오두막에 백제 왕족들이 살았다고 믿을 사람도 있을까?

얼핏 보기에는 별 것 아닌 것 같지만, 백제 왕족이 여기 살았다고 우길 생각이 아니라면 풍납토성을 왕궁이라고 주장하는 데 이 오두막의 존재는 치명적인 문제가 된다. 풍납토성을 왕궁이라 우기자면, 백제라는 나라는 '후기'에도 왕들이 우습게 보여, 왕궁 안에 왕족 아닌 사람들이 집을 짓고 살았다고 해야 한다. 그런데 대통령도 공무원일 뿐이라는 원칙이 확립된 대한민국에서도, 청와대 안에 집 짓고 살 사람이 있던가?

여기에 변명을 한답시고, 일반 백성이 아닌 고위 귀족들의 저택이었다고 우기기도 한다. 하긴 그래서 23평짜리 건물을 가지고 거대하다는 표현을 붙인다. 23평짜리가 거대하다는 말을 붙여 놓았는데도, 이상하게 여기지 않고 넘어가는 것을 보면 비전문가들이 얼마나 잘 속는지 알아보기 어렵지 않다.

이렇게 백제 귀족들이 '23평짜리 거대한 집에서 살았다'는 논리도 개그(gag)스럽지만, 이 점을 일단 보류하고 봐도 황당한 측면은 또 있다. 지금도 대통령에 버금가는 지위를 가진 사람은 있다. 그렇다고 해서 예를 들어 국무총리 같은 사람들이 청와대 안에 집이나 사무실 짓겠다는 말을 농담으로라도 할 수 있을까? 하물며 왕정체제였던 백제에서 왕궁 안에 이런 집을 지어 놓았다? 이래도 이상하지 않은가?

풍납토성을 왕궁이라 몰고 가자면 난점은 이뿐만이 아니다. 아직까지도 풍납토성에서는 정작 왕궁의 흔적은 발견되지 않았다. 이러니 딜

레마가 생기지 않을 수 없다. 왕궁이라면 당연히 왕궁급 건물 위주로 발견되어야 하는데, 당연히 나와야 할 왕궁급 건물은 하나도 나오지 않고 오두막들만 잔뜩 나왔으니 말이다. 특히 풍납토성을 왕궁(궁성)이라고 했던 신희권 교수에게는, 어디를 파던 왕궁급 건물의 흔적이 주로 발견되어야 할 이곳에서 지금까지도 그런 것은 코빼기도 안 보이고 민가만 잔뜩 나온 현상을 설명하기 곤란해졌다는 이야기다.

그러니 "풍납토성은 왕궁(궁성)이다"라는 말조차 알아듣기 쉽도록 확실하게 하지 못하는 것이다. 이러고 보면 '왕궁'이라 하면 쉽게 알아들을 수 있는 말을 두고, 굳이 필자가 백성의 생활공간까지 포함한 지역의 개념으로 쓰는 '왕성'이라 부르면서 헛갈리게 해야 하는지 알 것 같기도 하다.

하지만 '왕궁'과 '왕성'을 헛갈리게 만드는 말장난만으로는 한계가 있을 수밖에 없다. 그래서 일부는 풍납토성을 백성들의 생활공간까지 포함된 '왕성' 개념으로 해석하기도 한다. 그래야 오두막 같은 민가(民家)가 나오는 현상이 설명될 수 있으니까. 그렇다고 해서 이것이 해결책이 될 수는 없다. 이렇게 하면 또 다른 사실이 발목을 잡기 때문이다.

"풍납토성은 백성들의 생활공간까지 포함된 '왕성'이다"라고 하면 당시 백제의 이웃이자 라이벌이었던 고구려와 비교가 된다. 장수왕이 평양으로 수도를 옮겨 지은 왕궁이 안학궁(安鶴宮)이다. 이 왕궁은 넓이만 해도 약 38만m^2 즉, 11만 평 정도라 소개되어 있다. 그런데 풍납토성의 넓이는 17만 평 정도다.

일단 이것만 해도 무슨 뜻이 될까? 자타가 공인하는 고구려의 라이

벌인 백제의 왕성이 고구려 왕궁보다 약간 큰 정도밖에 안 되었다는 이야기다. 참고로 고구려의 왕성 규모는 어느 정도였을까? 안학궁 밖에 거주했던 귀족과 백성의 생활공간에 대해서는 아직 확실한 발굴자료가 전해지지 않아 확실한 것은 알 수 없다. 하지만 약 120년 후 고구려가 평양 또 다른 지역에 건설했던 장안성(長安城)을 참고해 볼 수는 있다. 장안성의 둘레는 약 16km이며, 성벽의 총 연장 길이는 약 23km에 달하여 강찬석 선생은 필자와 공저로 낸 책에서 그 넓이를 358만여 평으로 소개한 바 있다. 이 정도 수준 차이가 났다면 한성백제의 위상은 어느 정도였다고 해야 할까?

백제는 후진국?

그래서 이들이 찾아낸 해결책이라는 것이 뭘까? 그 해결책을 시사해 주는 문장 중 하나가 "한성은 북성과 남성 2개의 성으로 구성되었으므로 도시구획이 정연할 수 없었을 것"이다. 내막을 모르면 이들이 무엇 때문에 이런 점을 강조하는지 알기 어려울 수밖에 없다. 그렇지만 어느 정도 배경을 알고 보면 이야기가 달라진다. 이런 식으로 몰고 갈 수밖에 없는 배경은, 왕궁이라고 주장한 풍납토성에서 오두막들만 잔뜩 나온 현상과 연결되어 있다. 더욱이 이런 오두막들은 특별한 규칙성도 없이 여기저기 지어졌다. 이 사실이 무엇을 의미할까?

많은 사람들이 고대(古代)와 원시시대조차 제대로 구별하지 못하는 것이 현실이다. 그렇다 보니 고대(古代) 왕성에 무질서하게 건물이 들어섰다고 해도 이상하게 생각하지 않는 것 같다. 하지만 적어도 동아시아에서 고대(古代)에 접어든 국가의 의미는 그렇게 해석하지 않는다. 이른바 '고대국가 체제'로 접어들게 되면, 이 단계에서는 그 나라 영역에 강력한 통제력을 가진 왕권이 확립된다. 이는 국내 내부의 인적, 물적 자원을 동원할 수 있는 행정력이 확보되었다는 의미도 가진다. 그래서 고대국가 성립을 언급할 때에 '중앙집권적'인 체제를 갖추고 있었는지가 중요한 요소로 등장하게 되는 것이다.

이런 능력을 가지게 되면 통치를 위한 시설 확보와 체제 정비는 필수적 요인이다. 그중에서도 가장 핵심적인 시설이 왕궁과 왕성이다. 따라서 수준급 왕궁과 왕성의 존재 여부가 바로 고대국가 성립의 척도라 할 수 있는 것이다. 그러니 풍납토성이 한성백제왕성이라면, 심각한 의미를 가질 수밖에 없다. 먼저 한성 백제는 동아시아의 정상적인 왕국이라면 당연히 가지고 있어야할 개념의 왕궁이 없었다는 뜻이 되기 때문이다.

이는 단순히 '한성백제왕성이 어디냐'라는 차원을 넘어 심각한 파장을 일으킬 수밖에 없다. 왕궁 안에 민가가 자리 잡고 있었다고 해야 할 판이니, 이런 왕궁을 대부분의 사람들이 상식적으로 알고 있는 왕궁이라고 하기는 어려워진 것이다. 그래서 선택한 길이 뭘까? 바로 "한성백제는 도시계획을 할 능력이 있던 나라가 아니었다"라는 것이다.

지면 때문에 장황한 내용을 생략했지만, 신희권이나 김기섭의 주장에 따르면 전기의 백제는 왕족이 사는 '왕성'과 백성들이 사는 지역까지 포함한 도성이 구별조차 되지 않는 수준이었다는 이야기가 된다. 그래서 김기섭은 토론 중 한성백제왕성은 "난개발을 했다"는 식의 언급까지 했다.

이런 말이 나와야 하는 이유는 분명하다. 풍납토성 안에서 도저히 왕궁급 건물이라고 보기 어려운 육각형 오두막이 나왔기 때문이다. 그래서 어디가 기준인지도 모를 '백제 전기'라는 시대를 만들어, 왕궁과 민가가 사이좋게 어울려 있는 시대를 만들어 내야 했던 것이다. 이를 위해 사회자를 비롯한 이날 패널들은 "처음에는 왕궁도 포함되어 있는 성 안에 관청이나 백성의 집도 짓고 살았다가, 나중에 나라가 커지면서 왕궁 이외의 건물은 성 밖으로 몰아냈다"라는 쪽으로 유도하기 위해 애썼다.

여기에는 한국전통문화대학의 이도학 교수도 가세했다. 그는 한성백제박물관에서 발행한, 《한성백제왕궁은 어디에 있었나》라는 책 68쪽에서 "5세기 중엽 개로왕이 왕권 강화 차원에서 민호(民戶)를 궁성 바깥으로 철거시켰다"라고 잘라 말했다. 그럼으로써 한성백제가 명실상부한 왕궁성 체제를 확립했다는 것이다. 이도학 교수의 주장대로라면 백제는 한성백제의 마지막인 개로왕 때까지도 백성들이 왕궁 안에 살 정도로 왕실이 우습게 보였다는 이야기가 된다.

물론 필자가 아는 기록 어디에도 이런 사실은 나오지 않는다. 그래도 이도학 교수는 단순한 기록을 확대 해석하는 기법까지 동원하여 이 논리를 정당화시키려고 애썼다. 그것이 바로 《삼국사기》의 다음과 같은 기록이다.

비류왕(比流王) 30년(333) (중략) 왕궁에 불이 나서 민가까지 연달아 태웠다.

이도학은 이 기록이 왕궁과 민가가 섞여 있었다는 근거로 활용한 것이다. 즉 왕궁과 민가가 섞여 있었으니 왕궁에 난 불이 민가로 옮겨 붙지 않았겠느냐는 발상이다. 이런 논리가 그럴듯해 보일지는 모르겠지만, 조금만 생각해 보아도 지나치게 단순한 논리라는 점을 알 수 있다. 지금도 화재가 났을 때 흔히 볼 수 있듯이, 불은 바로 근처에 있는 곳에만 붙는 게 아니다. 바람이 불면, 불씨가 몇 백 m에서 km 단위로 날려가 금방 번질 수 있다. 당시처럼 초가집들이 많았던 상황이라면, 불길은 요즘보다 훨씬 멀리 번졌을 것이다.

그러니 왕궁에서 일어난 불이 민가에까지 번졌다는 기록이, 왕궁 안에 민가가 있었다는 뜻이라고만 새길 필요가 없는 것이다. 그러니 백제보다 훨씬 앞에 있었던 마한의 역사까지 끌어다 붙이며, 개로왕 때까지도 왕궁 안에 민가가 있었다는 식으로 몰아간 이도학의 논리를 받아들여 줄 필요는 없겠다.

이런 식의 억지스러운 근거를 빼고 나면, 개로왕 때 즈음 민가를 왕궁 밖으로 몰아냈다는 내용은 없는 셈이다. 물론 단순히 기록이 없다는 사실만 가지고서는 "고대사 기록에 모든 문제가 시시콜콜하게 적혀 있지는 않다"라는 고전적 변명이 가능하다. 하지만 굳이 기록 여부만 따질 필요도 없이 이런 논리가 성립한다고 볼 수는 없다.

개로왕 때 민가를 왕궁 밖으로 몰아냈다는 논리를 한성백제, 특히 풍납토성에 적용시키면 황당한 결론이 나오기 때문이다. 만약에 이 주장대로 풍납토성이 한성백제왕성이어서 이들이 말하는 '백제 전기(前期)'또는 개로왕 때까지 왕궁과 민가 등이 어우러져 지어졌다가 나중에 왕궁이 커지면서 민가가 몰려났다고 하려면, 민가를 성 밖으로 몰아낸 땅을 정리하고, 위에 왕궁급 건물이 지어졌어야 한다. 백제 왕실이 이용하지도 않을 땅을 확보하기 위하여 백성들이 멀쩡하게 살고 있는 집들만 철거시키는 심술을 부리려 했을 리는 없기 때문이다.

그러면 당연히 오두막 터들은 왕궁급 건물의 흔적에 심하게 훼손된 채로 나와야 정상이다. 하지만 풍납토성에서 발견된 육각형 오두막은 그 흔적이 잘 보존되어 있다. 그래서 이른바 '층위(層位)'도 맨 위가 되는 셈이다. 반면 그리 넓지도 않은 풍납토성 자체에서 제대로 된 왕궁급 건물이 나온 적도 없다. 이것은 무슨 이야기가 되나? 풍납토성이 한성백제왕성이라면, 개로왕 때까지 이 모양이었다는 뜻이다.

즉 민가를 몰아낸 다음 확장했어야 했을 왕궁급 건물 흔적이 주로 나와야 할 풍납토성에서, 정작 나와야 할 왕궁급 건물은 지금까지 코빼기도 보이지 않고 오두막 흔적만 나타났다는 이야기가 되는 것이다. 이 상태를 보고도 우기자면, 한성백제는 개로왕 때까지도 왕궁과 민가가 사이좋게 어우러져 있던 단계였다고 보아야 한다. 더 적나라하게 말하자면 한성백제 자체가 고대국가로서의 면모를 갖추지 못한 단계였다는 뜻이다.

물론 영광스러운 한성백제의 역사를 팔아먹어야 하는 한성백제박물관 소속의 직원이 이런 이야기를 노골적으로 하기는 곤란하다. 사실 꼭 한성백제박물관 소속이 아니더라도, 한성백제를 노골적으로 깎아내리기는 좀 민망하다. 그렇기 때문에 "도시구획이 정연할 수 없었을 것"이라는 식으로 말을 빙빙 돌려 알아듣기 어렵게 만들어 놓는 것이다.

이런 식으로 말을 돌리면 비전문가들이야 뭐가 뭔지 모르겠지만, 조금만 내막을 알면 본심을 알아보기 어렵지 않다. 뭐라고 말장난을 하건, 5세기 후반인 개로왕 때까지 지속되었던 한성백제에서 왕을 우습게 여기고 왕궁 안에 집을 지을 정도의 수준이었다고 주장하고 있는 것이다. 이런 주장을 하다 보니 내친 김에 한성백제뿐 아니라 백제가 없어지던 사비시대까지도 "백제는 조방제 같은 도시계획을 할 능력이 없었던 나라"라는 식으로 몰아갈 수밖에 없게 된 것이고.

이런 사정을 알고 보면 무엇 때문에 왕궁·왕성·도성을 확실하게 구분해서 보아야 하는지 알아보기 어렵지 않다. 뒤집어 보면 이 개념들을 애매모호하게 만들어 놓으면 어떻게 악용되는지도 분명해진다. 그런데도 2015년 10월 5일의 학술회의에서 사회를 맡은 최병헌 교수는 "원 의미로 보았을 때 왕성은 왕궁만 가리킬 때도 있지만, 왕궁이 있는 도읍까지를 왕성이라고 할 때도 있다"는 식의 내리나마나 한 결론으로 얼버무려 놓았다. 사회자는 이에 덧붙여 "용어 문제에 너무 집착하지 마시고"라고 무난하게 마무리 지으려 했지만, 이렇게 애매한 결론이 어떻게 악용되는지는 앞에서 보여드렸다. 그리고 이후로도 이런 사례를 많이 보여드리게 될 것이다. 이런 식이니 이날의 학술 세미나에서 뭔가 제대로 규명하려는 의도가 보이지 않는다고 잘라 말할 수 있겠다.

왕성은 강을 끼고 있었다!

이렇게 왕궁과 왕성 개념을 굳이 확실하게 구별하지 않으려는 속셈이 학문적으로 좋은 방향으로 작용할 리는 없다. 그런 사례 중 하나가 바로 이날 학술 세미나에서 왕궁과 왕성 개념을 따지면서 바로 튀어나왔다. 그런 맥락에서 이날 강조된 사실 중 하나가 '왕성은 강을 끼고 있었다'는 점이다.

사회자였던 최병현 교수가 직접 나서서 굳이 "동아시아 왕성 중 강변에 없었던 것도 있느냐?"라고 발표·토론자들에게 물었다. 물론 이는 사실을 확인하자는 뜻이 아니라 '왕성은 강을 끼고 있는 것이 당연한데, 공연한 시비를 거는 작자도 있다'며 비웃자는 것이었다. 이 말에 장단을 맞춘 발표·토론자들이 비웃음을 터트렸으니 그 의도를 다시 확인할 필요도 없을 것이다. 어쨌든 이럴 정도로, 왕성이 강을 끼고 세워진다는 점을, 자체로만 보면 황당할 정도로 너무나 당연한 사실이다. 그런데 왜 이렇게 당연한 사실을 강조하며 확인하려 했을까?

풍납토성을 왕성이 아니라는 근거로 제시했던 이유를 떠올려보면 쉽게 이해할 수 있다. 풍납토성 자체가 왕궁이냐 왕성이냐에 상관없이, 어차피 규모가 작은 왕성 안에 왕궁이 있었으니 한성백제왕궁은 바로 강 옆에 있었다는 뜻이 된다. 특히 풍납토성이 있는 지역은 지금까지도 홍수 피해가 잦은 지역이다.

그러면 백제 사람들은 언제든 홍수 피해를 입을 수 있는 곳에, 나라의 중심이자 신성하다고 여기는 왕의 거주지를 지어 놓았을까? 왕궁은 단순히 '왕이 사는 곳'이라는 의미만 있는 것이 아니다. 지금의 청와대가 그렇듯이, 통치자가 사는 건물은 단순 거주지의 차원을 넘어 국가를 관리하는 중심의 의미를 가지게 된다. 그러니 이런 곳이 홍수 같은 재해의 피해를 입으면, 사람에게 뇌가 타격을 받는 것처럼 국가 조직 관리에 문제가 생길 수밖에 없다. 이런 의미가 있는 왕궁을, 굳이 홍수 피해를 자주 받는 곳에 지으려 했겠느냐는 의문을 제기했던 것이다.

더욱이 《삼국사기》 등의 기록을 아무리 찾아보아도, 민가가 홍수 피해를 입었다는 이야기는 제법 나오지만, 왕궁이 피해를 입었다는 기록은 없다. 왕을 중심으로 기록하는 전근대 기록의 특성을 감안해 보면, 왕궁이 홍수 피해 입은 사실은 기록하지 않고 민가의 피해만 기록해 놓았다는 것도 이해하기 어렵다는 논리였다.

이런 배경을 알고 보면, 무엇 때문에 애써 마련한 학술 세미나에서 이런 내용을 확인하려 했을지 알아볼 수 있다. 한마디로 말하자면 '동아시아 왕성은 당연히 강변에 세워졌는데, 마치 한성백제왕성만큼은 강변에 있는 점을 문제 삼는다'고 몰아가고 싶었던 것이다. 이를 위해 서양사 전공자인 홍용진까지 동원하여 "서양의 수도 역시 강변에 자리 잡은 것이 대부분"이라며, "물자를 수월하게 수송하기 위해서라도 강 근처에 자리 잡아야 한다"라는 점을 강조했다. 홍용진은 여기서 그치지 않고, 수도가 강변에 있어야 한다는 점을 강조한답시고 "범람의 위험 때문에 왕궁이 들어오지 못한다"는 논리는 "희소한 문제 때문에… 자라 보고 놀란 가슴"운운 하는 말까지 보탰다. 이런 말을 들은 대부분의 사람들은 '왕성은 강변에 있기 마련'이라는 너무나 당연한 사실을 가지고, 마치 강변에 있는 것이 문제가 되는 것처럼 공연한 트집을 잡았다고 생각하게 된다.

이런 눈속임이 가능하기 때문에, 필자는 왕궁과 왕성, 도성 등의 개념을 확실히 해놓아야 할 필요가 있다고 강조하는 것이다. 이 경우를 두고 조금만 생각해 보자. 동서고금을 막론하고 수도는 대부분 강을 끼고 있는 곳에 자리 잡는다. 서울이나 평양 같은 수도 역시 당연히 강을 끼고 세워진다. 그런데 백성들이 사는 곳까지 포함한 도시가 강을 끼고 있는 곳에 자리 잡는 것과 통치자가 사는 건물을 강 바로 옆에 짓는 것이 같은 차원의 문제인가?

쉽게 말해서 서울이 강을 끼고 있다고 해서, 경복궁이나 청와대를 강 바로 옆에 지은 것은 아니지 않느냐는 이야기다. 그럼에도 불구하고 풍납토성을 왕성으로 만들고 싶어 하는 인사들은, "통치자의 거주공간을 홍수 위협이 있는 강 바로 옆에 지었을 리가 없다"는 논리를 두고, 마치 "백성들 거주공간까지 포함된 왕성을 강 근처에 건설했을 리 없다"는 주장처럼 조작해서 눈속임을 한 셈이다.

이 정도 설명이면 백성들이 사는 구역까지 포함되어 있는 '왕성' 개념과 통치자의 거주공간인 '왕궁'을 구별해야 할 이유가 분명해질 것이다. 그리고 보면 홍용진 같은 경우는, 이런 자리에 나올 자격이 의심스러울 만큼 왕궁이나 왕성 개념이 없는 셈이다. 이런 인사를 전문가랍시고 불러 놓고, 눈속임 대열에 동참시키는 것이 우리 사회 점잖은 교수님들의 행태이고.

이를 통해 왕궁과 왕성을 명확하게 구별하고 싶어 하지 않는 이유 또 한 가지를 확인할 수 있지 않을까? 사실 이 개념만 분명하게 인식이 되고 있었다면, "왕궁을 강 바로 옆에 지었을 리 없다"는 주장을, "강도 없는 곳에 왕성을 지었을 리 없다"는 논리처럼 조작해 놓는 치졸한 눈속임이 통했을 리가 없다. 뒤집어 말하면 이렇게 왕궁과 왕성 등을 구별하지 못하게 만들어 놓아야 이번 사례처럼 악용할 수 있게 되는 것이다. 이런 사례들을 보면, 별 내용도 없는 전문가들의 학술 세미나 내용이 무엇 때문에 알아듣기 어려운지 이해가 간다.

3장

백제는 형편없는 나라였다?

수습은 누가?

어떤 주장을 하든지 그건 학자의 자유에 속한다고 할지 모른다. 여기까지는 당연할 테지만, 권리에는 의무도 따라 온다는 점만 의식해도 이야기가 달라진다. 풍납토성을 왕성이라 우기다 보면 결국 "한성백제는 형편없는 나라였다"라고 주장하는 꼴이 된다. 이는 단순히 한성백제 자체를 깎아내리는 것으로 끝나지 않는다.

한성백제의 역사가 세계사 어떤 부분과 비교해서도 손색이 없을 정도의 논란을 부르는 나라였다는 점을 이해하고 보면, 이런 주장이 일본 등과의 역사문제 논쟁에 얼마나 악영향을 줄는지 짐작하기 어렵지 않다. 이 점에 대해서는 여러 차례 강조한 바 있지만, 간략하게나마 다시 한 번 언급해 보자.

최근 웅진-사비 시대의 백제 유적이 세계문화유산으로 인정받는 일이 있었다. 이 자체는 좋은 일이지만, 이 경사에 가려지는 측면이 있음도 유념해야 한다. 웅진-사비 시대의 백제 역사가 의미가 없다는 뜻은 아니지만, 한국사를 넘어 일본 고대사까지 걸린 동아시아 역사 인식에 결정적인 영향을 줄 문제는 주로 한성백제 시기라는 점을 이해해야 한다는 것이다.

한성백제 시대에 해당하는 4~5세기는, 일본 고대사에서 '수수께끼의 시대'라 불릴 정도로 의문이 많다. 이는 일본 고대사의 문제에서 그치지 않는다. 당시 동아시아 국가들의 위상을 어떻게 평가해야 하느냐는 문제가 걸리기 때문이다. 그럴 만큼 현재 백제사나 고대한일관계사를 넘어, 4세기를 중심으로 한 동아시아 역사를 복원하는 데 이 시기 동아시아 역사 자체에 의문과 논란이 많다는 이야기다.

그런데 이 시기를 둘러싼 논란이 제법 복잡해 보이지만, 본질적인 문제를 정리해 놓고 보면 핵심은 의외로 간단한 측면이 있다. 그 점은 당시 국제 정세를 정리해 놓고 보면 알아보기가 쉽다.

여기서 확실한 사실은 이 시기 동아시아 북부에 고구려라는 강력한 세력이 자리 잡고 있었다는 점이다. 이에 대해서는 군소리하는 사람이 거의 없다. 그리고 그 남쪽에 고구려에 대항하는 세력이 형성되어 있었고, 그 세력은 백제·가야·왜로 구성되어 있었다는 점에 대해서도 공감대가 형성되어 있다.

그렇다면 각 세력의 위상이 걸린 문제의 핵심은 무엇일까? 결국 남쪽에 형성되어 있던 반(反) 고구려 세력의 핵심이 누구냐는 점에 초점이 모아진다. 6세기에 소멸할 때까지 통합되지 못했던 가야를 구심점이라고 하기는 곤란하니, 자연스럽게 백제와 왜가 남는다. 이 중 어느 세력을 반 고구려 동맹의 구심점으로 보고 동아시아사를 복원하느냐에 따라, 이 시대에 대한 인식도 천지차이가 난다는 것이다.

그렇기 때문에 지금까지도 왜를 고구려의 라이벌로 보아 당시 국제 관계의 축을 고구려-왜로 파악하고자 하는 일본 학계 중심의 연구자와 백제를 그 자리에 놓고자 하는 연구자가 도저히 같은 지역 같은 시대의 역사라고 보기 어려울 만큼 상반된 역사를 그려 내고 있다. 이 정도면 동아시아 역사에 있어서 백제의 웅진-사비 시대보다, 한성 시대가 논란의 중심이 되는 이유는 어느 정도 설명이 될 것이다.

그러니 자연스럽게 한성백제왕성이 이 논란에서 어떤 지표가 되는지도 나온다. 왕성은 지금의 수도에 해당하는 곳으로, 그 나라의 첨단 기술과 경제력이 집중되는 곳이다. 지금도 이런 현상이 사회문제가 되지만, 과거에는 너무나 당연하고 더 극심하게 일어났던 현상이다. 그러니 왕성의 규모와 기술 수준은 그 나라의 국력과 국제적 위상을 평가하는 데 결정적인 역할을 하게 된다.

이 점을 의식하고 풍납토성=한성백제왕성이라는 결론의 의미가 어떤 결과를 초래할지 가늠해 보자. 성벽 넓이까지 다 포함시켜 봐야 18만 평 정도에 불과한 풍납토성에 비해 일본의 왕성은 800만 평이 넘고 왕궁만 80만 평 수준에 달한다. 이 수치는 백제의 국력이 왜와 비교가 되지 않을 만큼 형편없는 수준이었다는 결론으로 연결될 수 있다. 일본의 왕성은 100년에서 200년 쯤 뒤에 건설된 것이라고 주장하는 모양이지만, 이 시대는 산업혁명 이전이다. 요즘처럼 몇 십 년 만에 국가의 생산력이 수십 배가 되는 시대가 아니라는 것이고, 당연히 경제력을 포함한 국력도 그리 큰 차이가 나기 어렵다는 뜻이다.

왕성의 규모만 가지고 모든 것을 판단하기 어렵다고 할 수는 있지만, 왕궁의 규모는 다른 의미에서 또 한 방의 결정타가 될 수 있다. 왕궁은 단순히 왕족들이 사는 생활공간으로서의 의미만 가지는 것이 아니다. 여기에는 집무를 보고 신하들과 정사를 의논할 공간은 물론, 외국 사신 접대를 포함한 각종 행사를 치를 공간이 확보되어야 한다. 현재 풍납토성에서 발굴된 지역이 왕궁터가 아니라는 점은, 풍납토성을 왕성이라고 주장하는 측에서도 공인하는 바다. 그러니 현재까지 발굴된 지역을 빼고 나면, 한성백제왕궁이 있을 공간은 수천 평 정도나 확보될지 의문이다. 여기에 백제 같은 불교 국가의 왕성에 필수적으로 따라 붙는 대형 사찰이 있어야 할 공간은 후보지를 찾기도 힘들 것 같다.

이런 시설이 확보되지 않는 나라였다면, 백제의 국제적 위상도 의심할 수밖에 없다. 최소한의 시설도 확보하지 못한 나라가, 국제사회를 주름잡는 위상을 확보하고 있었다고 보기가 어렵게 되기 때문이다. 이쯤만 설명해도 한성백제의 수준을 깎아내리면 어떤 결과가 초래될는지 짐작하기 어렵지 않을 것이다. 한성백제는 이렇게 형편없는 수준이었으니, 백제가 고구려의 라이벌이었다고 하기는 곤란해진다. 그렇게 되면 결론은 뻔해진다. 결국 왜(倭)를 고구려의 라이벌로 인정할 수밖에 없다. 이는 당시 왜의 위상을 터무니없이 과대 포장하는 방향으로 연결된다.

그러니 "풍납토성이 한성백제왕성"이라고 결론지으려면 이런 결과를 감수해야 할 만큼의 확실한 근거가 있어야 할 것이다. 하지만 필자는 그런 근거를 본 적이 없다. 사실 이들의 목적은 "풍납토성은 왕성이다"

라고 선언하는 것일 뿐, 근거를 제시하여 왕성임을 증명하는 데에는 별 관심조차 보이지 않고 있다.

2015년 7월, 필자와 심포지엄에서 맞붙었던 박순발 교수의 태도는 대표적인 사례다. 그때도 양쪽이 정면으로 맞붙어 시비를 가리는 '심포지엄' 형식이었음에도 불구하고, 박순발 교수는 풍납토성이 왕성이라는 근거를 거의 제시하지 않았다. 내용 대부분을 '풍납토성은 왕성'이라는 전제를 내려놓고 자기 하고 싶은 말만 늘어놓는 것으로 채워 놓았을 뿐이다. 이런 태도는 애초부터 시비 가리는 데에는 관심이 없었음을 보여 준다.

사실 이런 태도가 학계에서는 낯설지 않다. 아무 말이나 던져 놓고 비판이 나오면 '상대 안 하는 것으로 그만'이라는 태도가 매우 훌륭한 대처 방법으로 대접 받은 지 이미 오래되었기 때문이다. 작년 풍납토성을 한성백제왕성이라고 선언하려 열었던 학술 세미나에서 김기섭 역시 다를 것이 없다. 그의 주장을 인용해 보자.

> 최근 풍납토성과 몽촌토성은 규모가 작고 강변에 위치하므로 백제도성일 수 없다는 비판이 제기되었다. 이미 지난 수십여 년간 수많은 학자들이 거시적, 미시적으로 깊이 검토하고 논증한 사항을 특별한 논거 없이 현대적 감각과 기준으로 연구사를 부정했다는 점은 매우 유감이지만, 아는 길도 물어 보고 돌다리도 두드려 보는 마음으로 한국 고대왕성들의 특징을 다시 한 번 살펴보고 풍납토성의 고대 성곽으로서의 위상을 되새겨 보고자 한다.

이처럼 김기섭은 "수십여 년간 수많은 학자들이 거시적, 미시적으로 깊이 검토하고 논증"했다고 잘라 말했지만, 정작 풍납토성이 한성백제 왕성이라는 점을 논증한 내용은 없다. 박순발 교수뿐 아니라, 김기섭 자신의 태도 역시 크게 다르지 않은 것이다. 위의 말이 들어가 있는 발표 내용만 하더라도, 그저 '풍납토성은 한성백제왕성'이라는 전제를 놓고 백제왕성의 구조를 분석한 내용이 대부분이다.

앞서 발굴되지도 않은 왕궁터가 나왔다는 거짓말을 당당하게 박물관에 전시해 놓았음을 보여드렸다. 이는 단순히 거짓말 하나를 해놓았다는 차원에서 그칠 문제가 아니다. 공공기관에서 거짓말을 해놓고도 뒤탈이 없는 실정이니, 이렇게 배짱이 생긴 사람들이 다른 부분에서라고 거짓말 하면 안 된다고 느낄 턱이 없다. 김기섭은 바로 그 한성백제박물관 소속의 실장이다.

이와 같이 근거도 제시하지 않고 결론을 내려놓고는, 이에 대해 비판하면 "특별한 논거 없이 현대적 감각과 기준으로 연구사를 부정했다"라며 뒤집어씌우는 것이 이들의 행태다. 이러한 행태 때문에 백제가 형편없는 나라로 몰렸을 뿐 아니라, 고대 한일관계사에서까지 왜를 과대포장해서 이해하게 만드는 것이다. 필자는 이 자체로 '식민사학'이라고 몰아가고 싶은 생각까지는 없으나, 일부에서 이 문제를 식민사학과 연결시키는 이유가 이런 데에 있다는 점 정도는 알아둘 필요가 있을 것 같다. 이 결과에 대한 수습은 누가 할까?

비교대상을 통한 장난

필자는 강찬석 선생과 공저로 쓴 책에서, 풍납토성은 왕성이 아닌 이유를 건물의 수준에서 찾았다. 그 논리는 간단하다. 왕성 자리라면 당연히 그에 맞는 수준의 건물이 나와야 한다. 그리고 당시 동아시아 왕성 수준에 걸맞은 건물은 이른바 '가구식' 건물 정도는 되어야 한다는 취지였다.

그런데 풍납토성에서 수준 높은 건물 축에 드는 것은, 땅을 파고 기둥을 박은 다음 그 위에 지붕을 얹는 이른바 '굴립식' 건물이었다. 이런 건물은 단단한 주춧돌 위에 기둥을 올려놓는 가구식에 비해, 버틸 수 있는 무게가 크지 않아 왕궁급 건물로는 적합하지 않다는 주장이었다. 그래서 비교대상으로 동아시아 각국의 왕성들을 제시했다. 그중 일본 왕성도 있었는데, 현재까지 발견된 것 중 가장 빠른 시기에 건설된 6~7세기의 일본 왕성도 가구식 건물로 이루어졌다는 점을 근거로 삼았다.

이 주장에 대해 반론이라고 내놓은 논리를 정리한 것이 김낙중의 〈3~5세기 일본의 왕궁과 풍납토성〉이다. 그의 글을 직접 인용해 보자.

> 우리에게 익숙한 일본의 고대 도성은 비조(飛鳥)·등원경(藤原京) 이후의 것이다. 그런데 이러한 도성이 건설되고 운영된 것은 6세기 말 이후로 일본에서 본격적으로 율령국가가 형성되는 시대다. 고대 일본의 도성제에는 백제 및 신라가 영향을 끼친 흔적이 보이지만, 등원경 이후는 중국의

영향이 좀 더 직접적으로 미쳤다.

등원경은 고대 중국의 도성 제도를 본뜬 일본 최초의 본격적인 궁전과 조방제 도성이다. 고대 일본에서 도성의 완성은 중국 당나라의 장안성을 본보기로 삼아 건설한 평성경(平城京)에서 이루어졌다. 이후 평안경(平安京)까지 빈번히 옮겨 다녔다.

따라서 3~5세기의 풍납토성을 이러한 6세기 말 이후의 궁도(宮都)와 비교하는 것은 문제가 있다. 풍납토성의 의미를 제대로 파악하기 위해서는 당대의 유적과 비교해야 할 것이다. 따라서 여기서는 풍납토성이 사용된 3~5세기에 고대 일본의 왕궁은 어땠는지 고고학적인 자료를 중심으로 살펴보고자 한다.

이 논리를 간단하게 요약해 보면 이렇다. 풍납토성은 5세기 이전에 세워진 것이므로, 일본의 왕성과 비교하자면 그 이후에 세워진 왕성이 아니라 5세기 이전의 왕성과 비교해야 한다는 것이다. 여기 추가된 논리도 있다. 김낙중은 이후 논지 전개에서 '히미코((卑弥呼)'로 대표되는 3세기의 일본 왕궁터를 검토해 보니 '굴립식' 건물이 다수 나온다는 점을 제시했다. 이것이 자신이 한성백제 궁성이라 주장하는 풍납토성과 비슷하다는 취지다.

이를 확인하기 위해 그가 강조해 놓은 풍납토성과 히미코 시대 일본 왕궁의 공통점과 차이점을 보자.

풍납토성과 이에 병행하는 시기에 축조되었을 고대 일본의 왕궁은 공통점과 차이점이 있다. 공통점으로는 일반 취락과의 격절성(隔絶性), 왕의 거주와 정치 행위 등에 필요한 다양하고 거대한 시설(왕의 거처, 제사 장소 혹은 시설, 정치 시설, 창고군, 공방)의 마련, 권위를 상징하는 물건의 존재 등을 들 수 있을 것이다.

차이점은 우선 격절 혹은 구분의 시설과 건축 기법의 수준에서 보인다. 일반 취락과의 구분이 백제는 거대한 판축 성벽으로 이루어졌으며, 성벽으로 둘러싸인 공간에 왕만이 아니라 공공시설과 귀족 등의 택지 등이 마련되어 일부 도시의 기능도 포함되어 있다.

일본에서 성벽은 중국 도성을 모방한 등원경 이후에도 축조되지 않았다. 건축과 관련된 초석과 기와도 등원경 이후에나 등장한다. 또한 왕족뿐만 아니라 관료 등 다수의 도시 주민과 도로에 의해 구획된 조방도 마찬가지로 등원경 이후에나 보인다.

위 내용은 기본적으로 풍납토성과 히미코 시대 왕성의 공통점과 차이점을 나열한 것이다. 하필 이 장면에서 공통점과 차이점을 장황하게 나열하는 것이 무슨 의미를 가지는지는, 웬만한 이 분야 전문가라도 알아보기 어려울 것이다. 그래도 맥락을 잘 보면 시사하는 점은 분명한 것 같다.

"일본에서 성벽은 중국 도성을 모방한 등원경 이후에도 축조되지 않았다. 건축과 관련된 초석과 기와도 등원경 이후에나 등장한다. 또한 왕족뿐만 아니라 관료 등 다수의 도시 주민과 도로에 의해 구획된 조방도 마찬가지로 등원경 이후에나 보인다"라는 구절이 어찌 보면 김낙중이 하고 싶은 말을 에둘러 해놓은 것이라 볼 수 있다. 좀 풀어 보면, 일본에서는 등원경 이후에야 중국식 도성체제가 도입된다는 이야기다.

그리고 이 뒤에는 진짜 하고 싶었던 이야기가 생략되어 있다고 보면 된다. 히미코 시대 일본 왕성이 이런 수준이니, 같은 시기 같은 수준이었던 백제왕성에 선진적인 중국식 체제가 나오지 않는 것은 당연하다고 말하고 싶은 것이다. 여기까지 풀어드리면 김낙중이 한성 백제왕성을 하필 히미코 시대와 비교해야 한다고 강조해 놓은 이유를 이해할 수 있을 것이라 생각된다.

그러니 이 연장선상에서 보면, 비슷한 시기에 건설되었던 풍납토성의 최고 수준 건물이 '굴립식'인 점이 이상할 것 없다는 논리까지 연결되겠다. 이런 주장도 얼핏 보기에는 타당한 문제 제기로 보일 수 있을 것이다. 그러나 속사정을 알고, 김낙중이 제시한 근거를 보면 문제가 달라진다.

먼저, 황당한 것은 그가 제시한 '5세기 이전 일본의 왕궁터라는 것'이 '추정지'에 불과하다는 점이다. 자기 손으로 작성한 발표문에도 이 부분은 '아스카 이전 왕궁 추정지'라고 제목을 붙여 놓았다. 여기에 발표문 중 6세기 이전 일본 왕궁터에 대해 언급하면서 "아직 발굴 조사를 통해 궁자리가 제대로 확인된 사례가 없는 점도 이러한 사정(지배를 위한 시설 정비 미비)과 관련되었을 것이다"라는 말까지 붙여 놓았다.

즉, 일본에는 확인되거나 공인된 6세기 이전의 왕궁터가 없다는 이야기다. 그래서 그가 제시한 모든 자료는 결국 '추정' 이상의 것이 되지 못한다는 것을 스스로 실토해 놓은 것이다. 그래서 인용할 건물 터에 대한 표현부터가 추정임을 감추려 하지도 못했다. 예를 들어, 중요근거 중 하나인 마키무쿠(纏向) 유적의 '왕궁터'에 대해서도 "동 시기 호족 거관(거주지)과 비교하여 그 차이는 확연하다. 따라서 거관이라기보다는 차라리 후대의 도성에 연결되는 왕궁에 어울리는 것으로 여겨지고 있다"라는 식으로 적고 있다. 와키모토(脇本) 유적에 대해서도 "가능성이 지적되어 왔다", "추정되고 있다"라는 말이 반복되기는 마찬가지다. 자기 자신도 이곳이 그저 '추정지역'에 불과하다는 점을 잘 알고 있다는 뜻이다.

이러한 사정을 알고 보면 강찬석 선생이 굳이 후지와라쿄 등을 풍납토성과 비교대상으로 놓은 이유는 분명해진다. 적어도 일본에서는, 이것이 확인된 것 중에서 최초의 왕궁과 왕성이기 때문인 것이다. 즉, 일본의 왕성은 이 시기가 되어야 확인되기 때문에 확실한 근거를 비교대상으로 삼은 것뿐이다.

사실 풍납토성이 정말 한성백제왕성이라면, 5세기 후반까지는 존속했다는 이야기가 된다. 그러니 따지고 보면 6~7세기 심지어 9세기 경에 건설된 일본 왕성과의 비교가 김낙중 등이 주장하는 것처럼 그렇게 크게 차이가 나는 것도 아니다. 산업혁명 시대 이전에는 백년 단위의 시간이 지나도 그렇게 비약적인 기술적 발전이 이루어질 만큼의 큰 변화가 일어나는 시대가 아니었기 때문이다.

그런데도 김낙중은 굳이 같은 시대를, 그것도 일본에만 국한시켜 강조한 것이다. 이를 바탕으로 "이상에서 살펴본 것처럼 여러 왕들의 왕궁터로 전해지는 와키모토 유적에서도 기본적인 건물은 나라시대까지도 굴립주 건물이 기본인 것을 알 수 있다"라고 해놓았다. 결국 그는 추정에 불과한 건물을 가지고, 마치 왕성임이 확인된 곳과 비교하는 것처럼 몰아간 것이다. 그렇게 해서 "이곳에서 발견된 건물이 굴립식이니 왕성인 풍납토성에서 굴립식이 나오는 것도 이상할 것 없다"라는 논리가 만들어졌다는 이야기다.

국가 발전 단계를 신중히 고려해야 한다?

김낙중 논리의 문제는 단순한 '추정'을 기반으로 상대를 비판하며 원하는 결론을 끌어냈다는 점에만 있는 것도 아니다. 곧이어 논리가 오락가락하며, 이중 잣대를 들이대기도 했다. 풍납토성은 같은 시기의 왕성과 비교해야 한다고 강조해 놓고, 곧바로 "한국 · 중국 · 일본 같은 동아시아 고대국가의 발전 단계가 같지 않았다"며 뒤집는 말을 붙여 놓은 부분이 이에 해당한다. 이에 대한 김낙중의 입장부터 인용해 보자.

> 풍납토성을 다른 나라의 궁성과 비교하여 그 의미를 평가하기 위해서는 동시대의 자료를 활용해야 할 것이다. 그러나 이 경우도 단순한 비교에는 신중해야 한다. 왜냐하면 풍납토성이 축조되던 시기의 동아시아 각국 사이의 정치적, 문화적 발전 정도는 물론이고 내적인 발전 과정에도

차이가 있기 때문이다. 하물며 시대가 다른 등원경(藤原京) 등과 비교해서는 의미를 제대로 평가하기 어렵다.

따라서 풍납토성이 축조되던 시기에 각 나라가 처한 상황에서 왕궁이나 왕성이 어떻게 운영되었는지 구체적으로 살펴보고 공통점과 차이점을 추출한 다음, 그 배경이 무엇인지를 밝히는 것이 역사적 실상에 가깝게 다가가는 방법일 것이다.

내막을 모르는 사람이 읽으면 무슨 말을 하자는 것인지 헛갈리기 십상이다. 물론 내용이 심오해서가 아니라, 논리가 오락가락하고 있기 때문일 뿐이다. 앞에서는 풍납토성과의 비교대상이 같은 시대 왕성이어야 함을 강조해 놓고, 곧바로 동아시아 각국의 발전 정도가 같지 않다며 '같은 시대'가 결정적인 기준이 아니라고 말을 바꾼 것이다. 즉, 이렇게 '동아시아 각국의 국가발전 단계의 차이'를 언급한다면, 앞에서 굳이 '같은 시대'왕성끼리 비교해야 한다는 점을 강조할 필요가 없었다. 그런데 왜 앞뒤가 맞지 않는 논리를 굳이 집어넣은 것일까?

왜 이래야만 했는지를 살펴보면, 김낙중이 어떻게 대중을 우롱하려 했는지 알아볼 수 있다. 김낙중이 마치 같은 시기의 왕성이어야만 정확한 비교대상인 것처럼 반복해서 몰아갔던 점에 대해, 내막을 모르고 보면 지극히 당연한 주장처럼 보일 것이다. 그러나 사정을 조금이라도 아는 사람에게는 맹점이 뻔히 보인다. 특히, 김낙중이 굳이 같은 시기 일본 왕성을 비교대상으로 삼으려 했던 점을 뒤집어 보면 더욱 확실하게 드러난다. 그렇게 같은 시기를 강조한다면, 왜 같은 시기 중국의 왕성은 비교대상에서 빼놓았을까?

이유는 뻔하다. 중원에서는 풍납토성보다 천년도 더 전에 가구식 건물 위주의 왕궁과 왕성이 건설되었다는 사실에 군소리를 들은 적이 없다. 한성백제와 비슷한 시기의 고구려 역시 중원에 크게 뒤질 것 없는 건축 기술을 가지고 있었다. 그러니 3~5세기 중원의 왕성을 비교대상으로 두면, 풍납토성에서 '굴립식' 수준의 건물이 나오는 것이 이상하게 보이게 된다. 백제가, 중원은 말할 것도 없고 라이벌이었던 고구려와 비교해서도 건축 기술이 형편없었다는 이야기밖에 안 되기 때문이다.

이 사실을 확인하고 보면 말이 오락가락한 이유가 분명해진다. 김낙중의 의도는 풍납토성에서 굴립식 건물이 최고 수준이라는 점을 정당화시키려는 데에 초점을 맞추고 있다. 그래서 김낙중은 같은 시기 중국이나 고구려와의 비교는 일부러 싹 빼놓고, 일본의 왕성만을 언급한 것이다. 즉, 같은 시대 중국 왕궁과 왕성을 비교대상으로 보여 주면, 자신의 논리에 반증이 될 수 있으니 일부러 외면해 버렸다는 이야기다.

그렇지만 나중에라도, "굳이 같은 시대 강조하자면 같은 시대 중국이나 고구려 같은 한국 고대국가와도 비교해야 하는 것 아니냐"는 말이 나올 가능성을 무시할 수는 없다. 그럴 것 같으니까 "동아시아 각국의 국가발전 단계가 다르다"라는 말을 슬쩍 집어넣은 것이다. 그래야 중국이나 고구려 왕성과 비교가 될 때 변명이 될 테니 말이다.

그러면 백제가 같은 시기 중국을 비교대상에서 빼놓아야 할 만큼 국가발전 단계가 늦었던 반면, 일본과는 비슷했을까? 김낙중의 논리대로 하자면, 백제는 한성백제 말기인 5세기 후반까지, 중국에서 천년도 전에 개발했던 기본적인 건축 기술조차 가지고 있지 못했다는 이야기가 된다. 중원 제국뿐 아니라, 당시 라이벌이었던 고구려도 안학궁 같은 왕궁을 지을 수 있을 정도의 기술을 가지고 있었다. 그러니 김낙중의 논리에 따르면 백제는 고구려와 경쟁할 수준의 나라도 아니었다고 보아야 한다.

그래서 이런 논리의 근거를, 하필 동아시아에서 가장 국가발전이 늦었던 일본과의 비교에서 찾았다. 그러면 무슨 이야기가 되나? 김낙중은 백제가 일본열도의 국가발전 단계가 비슷했거나 심지어 늦었다고 보겠다는 뜻을 분명히 한 셈이다. 그런데 여기서 비교대상으로 삼은 히미코 시대가 과연 한성백제와 비교할 수 있는 단계에 진입했던 것일까? 이에 대한 김낙중의 입장부터 확인해 보자.

> 《삼국지》〈위지 왜인전〉이 3세기 야마타이국(邪馬臺國)의 여왕 히미코(卑弥呼)의 도(都)에 대하여 기술한 내용을 참고할 필요는 있다. 히미코의 도시(都)에는 천 명의 여종(婢)과 거처에 출입하는 것이 허락된 단 한 명의 남자에게 시중 받으며 무녀적인 생활을 보내던 여왕 히미코와 그녀를 도와 국정을 맡은 남동생이 있는데, 궁실, 누관(樓觀), 성책이 엄연히 마련되고 늘 무기를 가진 병사가 수위하였다고, 왜인전이 기록한 것은 야마타이국을 어디에 비정하든 궁의 구조 문제를 고려하는 데 참고가 된다.
>
> 즉, 왕궁에는 왕의 거소(居所)와 국정을 펼치는 곳 그리고 왕의 신변에서 봉사하는 자녀와 궁실을 경호하는 병사의 존재를 지적할 수 있다. 그

> 것은 야마토 왕권에 있어서는 대왕이 거주하는 대전(大殿)(안전(安殿), 후에는 내이(內裏), 대신(大臣)·대련(大連) 및 대부(大夫) 등이 국정을 펼친 조당(朝堂)·조정(朝庭) - 후에 조사(曹司)가 분화 - 그리고 궁정에 봉사하거나 혹은 호위를 담당한 채녀(采女)·사인(舍人)·선부(膳夫)·인부(靭負) - 후의 후궁 혹은 사인(舍人)·호부(護府) 등 - 에 각각 상당하는 것이어서 궁실을 구성하는 주요한 요소가 이미 갖추어져 있다고 할 수 있다.

이 역시 복잡하게 말을 꼬아 놓았지만, 왜는 히미코 시대에도 궁실을 갖출 만큼의 국가 단계에 진입했다는 뜻은 분명하다. 그런데 이것도 엄밀하게 따지면 논리가 오락가락하는 사례로 보아야 한다. 앞에서 김낙중이 자기 손으로 써놓았던, "히미코의 시대에는 지배를 위한 시설이 제대로 정비되지 않았던 시기이기 때문에 왕궁 자리가 제대로 발견되지 않았다"라는 말을 떠올려 보자. 즉, 왕궁터도 발굴되지 않았는데 "궁실을 구성하는 주요한 요소가 이미 갖추어져 있다"라는 결과가 나왔다는 이야기다. 김낙중은 도대체 무슨 재주가 있기에 터도 발견되지 않았다는 시설의 존재를 확인했을까?

한성백제가 일본 야요이 시대보다 후진적이다?

이렇게 된 이유 역시 알고 보면 간단하다. 사실 히미코의 시대는 고대국가로 진입한 단계로 보지 않는 것이 일반적이다. 그렇지만 김낙중은 히미코의 시대를 최대한 과대평가하고, 반대로 백제의 국가발전 단계는 최대한 깎아내려야 할 입장이다. 그래야만 풍납토성에서 '굴립식' 건물이 나오는 이유를 해명이라고 내놓을 수 있기 때문이다.

그런데 히미코가 활동한 시대 이른바 '야요이(彌生) 시대'는 왕궁이라고 확인된 유적이 발견되지 않았다. 그래서 스스로도 그 이유를 "지배를 위한 시설이 제대로 정비되지 않았던 시기이기 때문"이라고 해버렸다. 이렇게 해놓고 보니 난감해졌다. 지배를 위한 시설이 제대로 정비되지 않았던 시기임에도, 야요이 시대의 건물이 한성백제와 같은 국가발전 단계에 접어들었다고 해야 하게 된 것이다. 이는 풍납토성에서 나온 굴립식 건물이 왕궁급 건물이라고 결론지었던 점과 직결된다.

그래서 이 장면에서 선택할 수 있는 길은 별로 없다. 한성백제 시기의 동아시아에서 굴립식 건물이 최고 기술 수준의 건물이라고 하기는 민망할 테니, 한성백제의 발전 단계가 일본 야요이 시대 수준밖에 안 된다고 해야 할 입장이 되어 버린 셈이다. 이렇게까지 백제를 비롯한 한국 고대국가들의 발전 시기를 늦추어 보려 했던 대표적인 세력이 일제 식민사학자들이다. 물론 필자는 이런 공통점만 가지고 '식민사학'이라고 몰아갈 생각은 없다. 그렇지만 일부에서 김낙중 같은 이들을 식민사학으로 몰아가는 근거가, 자기 손으로 제공된 꼴이라는 정도는 짚어 놓아도 될 것 같다.

이러니 한성백제가 왜 일본 야요이 시대와 비교되어야 하는지에 대한 이야기를 노골적으로 하기는 곤란했을 것이다. 그래서 김낙중은 이 부분에 대해 상당히 말을 아꼈다. 여기까지는 인지상정이려니 하고 이해해 줄 여지라도 있다. 하지만 여기서 더 나아가서 야요이 시대를 고대국가 단계로 보지 않는 근거들에 대해서까지 애써 외면해 버린 점까지 이해하고 넘어가 주기는 곤란할 것 같다.

먼저, 야요이 시대 일본이 고대국가 단계로 접어들지 못했다고 보게 된 근거인 대표적인 사료 《삼국지(三國志)》의 〈위서(魏書) 동이전(東夷傳)〉부터 보자. 여기에 "왜(倭)는 산과 섬에 의지해 국읍(國邑)이 있으며 … 오늘날에는 30여 개의 나라와 역관(譯官)이 통한다"라고 기록되어 있다. 이 시기까지 일본 열도는 30여 개의 소국(小國)으로 나뉘어 있었고, 말까지 달랐다는 이야기다. 통합된 고대국가의 형태라고 보기는 어려운 것이다.

히미코가 집권하게 된 과정도 이렇게 묘사되어 있다. 처음에는 남자가 왕이었지만, 2세기 후반 즈음 일본열도에서 소국들 사이에 이른바 '왜국대란(倭國大亂)'이라 불리는 전쟁이 벌어졌다. 여러 해에 걸친 전쟁 끝에 히미코라 불리는 여자를 왕으로 삼으니 나라가 안정되었다는 것이다. 이와 같은 히미코의 집권 과정도 완성된 고대국가의 여왕 즉위 과정에 대한 묘사라고 보아 주기 어렵다. 또 히미코의 야마타이국이 대마국(對馬國), 일지국(一支國) 등 20여 개 소국을 지배하고 있었다고 한 것도 아직 고대국가 단계가 아니라는 시사가 된다. 일본 역사에 나타나는 최초의 여왕 히미코가 "귀도(鬼道)를 섬겨 사람들을 미혹시켰다"라고 한 것도 고대국가의 이념을 가지고 지배한 것은 아니었다는 시사로 받아들일 수 있겠다.

이런 사료들이 있기 때문에, 그렇게 황국사관의 입장에서 일본의 고대국가 발전 단계를 포장하려 했던 일본 학계에서도, 일본열도에서는 빨라야 5세기 후반에야 고대국가가 형성되었다는 학설이 대세였다. 최근 그보다는 고대국가체제 완성 시기를 앞당겨 보려는 움직임이 있으나, 야요이 시대까지 당겨 보는 학설이 대세는 아닌 것으로 알고 있다.

일본사에서 4세기를 '수수께끼의 세기'라고 부르는 이유도 시사해 주는 측면이 있다. 5세기 즈음이 되면, 일본열도에도 고대국가 체제가 나타난다. 이는 4세기의 급격한 발전을 토대로 보이는 양상이다. 일본열도의 문명 수준이 4세기에 들어 갑자기 높아진다는 이야기다. 뒤집어 말하자면 일본열도가 3세기까지 고대국가라고 하기 어려운 문명 수준을 보이고 있었다는 뜻도 된다. 그런데도 김낙중은 마치 야요이 시대가 고대국가 체제를 갖추고 있던 시기인 것처럼 몰아갔다. 웬만한 일본 학자보다도 일본의 고대국가 발전 단계를 높이 평가하고 있는 셈이다.

그렇게 해놓고 하필 대부분의 연구자들에게 고대국가로 인정받기 어려운 수준의 야요이 시대를 한성백제와 비교한 것이다. 하물며 한성백제는 5세기 후반까지 존속했다. 그러니 풍납토성이 한성백제왕성이라고 하면, 백제는 5세기 후반까지 굴립식 건물이 왕성급 건물 수준이었던 나라라고 해야 한다.

그런데 이런 수준의 야요이 시대가 한성백제의 비교대상이 되어야 할까? 일본과의 비교가 좀 복잡하다 싶으면, 가장 간단하고 확실한 비교대상이 있다. 바로 고구려다. 고구려가 5세기 후반까지 고대국가 수준이 되지 못했다고 하는 사람이 있으면, 제정신이라고 보기 어려울 것이다. 그런데 한성백제는 바로 그런 고구려의 라이벌이었다. 김낙중 등은 장수왕 때인 5세기에 평양으로 도읍을 옮겨오자마자 안학궁 같은 수준의 건물을 지을 수 있었던 고구려의 라이벌 한성백제의 건축 수준이, 굴립식 정도에 불과했다는 이야기를 하고 있는 것이다.

필자의 책에서도 이에 대한 언급이 있었다. 그럼에도 김낙중은 이런 요소들은 애써 제외해 버린 채, 국가 발전이 늦은 일본과의 비교를 고집한 것이다. 이렇게 해놓고 내린 결론은 확실하다. 다음과 같이 말한 것이다.

> 이상에서 살펴본 것처럼 백제에서 풍납토성이 축조되던 시기에 일본열도에서는 왕마다 새로운 궁에서 살았으며, 그와 관련될 것으로 추정되는 시설도 대형의 굴립주건물 정도다. 따라서 7세기 말 중국의 영향을 받아 정형화된 등원경·궁(藤原京·宮) 이후의 일본 도성과 풍납토성을 비교하여 그 의미를 논하는 것은 타당하지 못하다. 또한 중국, 한국 및 일본의 고대국가 발전 과정과 선진 지역과의 교류 및 그에 영향을 미치는 지리적인 위치 등을 고려하지 않고 동시대의 도성을 단순 비교하는 것도 적절하지 않은 태도다.

이러한 논리 전개 과정을 보면 김낙중의 의도를 알아볼 수 있을 것이다. 필자의 책에서 풍납토성과 비교대상으로 삼은 동아시아 각국 왕성이 잘못 되었다고 주장하고 싶은 것이다. 이렇게 몰아가기 위해, 굳이 국가 발전 수준도 떨어지고 왕궁임이 확인되지도 않은 일본의 건물들을 비교대상으로 삼았다는 이야기밖에 안 되는 것이다.

여기에는 풍납토성에서 발견된, 그나마 고급스러운 건물이 '굴립식'이라는 점이 중요한 배경이다. 이를 왕성급 건물로 몰아가야 하기 때문에, 비교대상도 하필 동아시아에서 제일 국가 발전 단계가 떨어지는 일본을 대상으로 한 것이다. 더 나아가 왕궁임이 확인되지도 않은 건물을 두고, 마치 확인된 사실처럼 비교대상으로 삼았다. 그러니 앞뒤도 맞지 않아 납득하기 어려운 논리로 점철될 수밖에 없었다. 이 정도면 악의적이라고 보아도 좋을 것 같다. 그만큼 김낙중의 주장은 자료의 선택적 이용과 이중 잣대의 전형적 사례라 하겠다.

형편없는 한성백제왕성의 건물?

이런 식으로 몰아가다 보니 이날 학술 세미나에서는 웃지 못할 촌극까지 벌어졌다. 서양사 전공자인 홍용진을 초청하여, "서양에서는 5세기경부터 수도가 생긴다지만 빨라야 13세기에 가서야 성벽이 생긴다"라는 식의 내용을 늘어놓았다. 그런데 서양의 사례는 왜 갖다 붙였을까? 맥락을 보아서는 서양이 동양보다 도시 발전이 늦었다는 점은 분명하겠다. 하지만 무엇 때문에 이런 내용을 한성백제의 왕성을 가리는 시비에 갖다 붙였을까?

오죽했으면 심정적으로 이날 발표자들과 공감대를 유지하고 있던 사회자가 "도시 계획의 발달이 동양에 비해 서양이 늦었단 말인가?"라고 확인했을 정도였다. 홍용진이 이를 인정하자, 사회자는 다시 "그러면 서양에서는 중국에서와 같은 도성의 발달 과정을 일목요연하게 단계적으로 구분하기 굉장히 어렵겠네요?"라고 재차 확인해 주었다.

굳이 사회자가 확인해 주지 않아도 동양과 서양 문화의 흐름이 완전히 달랐다는 점은 상식이다. 그러니 왕성·도성의 발전 단계도 완전히 다를 수밖에 없다. 이런 점을 안다면 굳이 한성백제왕성에 대해 시비를 가리자는 자리에 서양의 발전 단계를 따질 필요도 없고, 서양사 전공을 불러다 앉혀 놓을 이유가 없다. 그런데도 홍용진 같은 서양사 전공자를 불러 놓고, 서양의 발전 단계가 이리 느리니 5세기 이전 한성백제의 왕성이 원시적인 수준이라고 해서 이상할 것 없다는 식의 논리를 편 것이다.

이 꼴을 보고 이날 사회를 본 최병현 교수의 양심이 좀 간질거렸던 것 같다. 하지만 사회자 양심이 이 장면에서 좀 간질거렸다고 해서 이날 발표·토론자의 양심이 그 수준에 올랐다고 말하기는 어렵다. 그러니 여러 전공의 지지를 얻는답시고, 이렇게 부끄러운 줄 모르고 관계없는 분야에서 관계없는 사람을 불러들여 관계없는 이야기를 늘어놓으며 상대를 매도할 수 있었겠다. 결국 파렴치한 눈속임으로 사람들을 우롱하는 집단이, 학자 행세를 하고 있다 해도 지나친 말은 아닐 것이다.

이런 주장들을 받아들여서 그런지, 한성백제박물관에서는 전시되어 있는 한성백제 시기 건물들도 그에 맞게 복원해 놓았다. 그러한 사례로 먼저 제시하고 싶은 것이, 한성백제박물관에서 백제왕이 제사를

백제왕 제사 장면 복원 전시물

지내고 있는 장면을 복원한 건물이다.

이 사진에서 알 수 있듯이, 한성백제박물관에서는 백제왕이 기와와 초가가 섞여 있는 허름한 오두막에서 의식을 치르고 있는 장면을 모형으로 만들어 전시하고 있다. 고대사회에서 왕이 직접 치르는 의식이, 그 나라의 핵심적인 행사라는 점은 두말할 필요가 없다. 그렇기 때문에 이 전시물에 의하자면, 한성백제는 그렇게 중요한 의식을 이런 허름한 오두막에서 치렀던 나라라는 뜻이 된다.

얼핏 보아도 그리 크지도 않은 사람 모형 세 개만 들어가도 꽉 차는 느낌이 들 정도로 좁다. 안쪽에 그림으로 4명의 고위직 신하와 왕을 그려 놓은 것도 마찬가지다. 사실 이는 모형이나 그림을 잘못 그려서 좁다는 느낌을 주는 것이 아니다. 이 모형의 기반이 된 이른바 '육각형 집' 자체가 보통 23평 정도 되는 넓이이니, 이를 바탕으로 복원된 모형

풍납 토성 경당지구 44호 건물 복원 모형

이나 그림이 잘못되었다고 하기는 곤란한 것이다. 당연히 한성백제는 바로 이런 건물에서 국가적으로 중요한 의식을 치른 나라라는 인식을 줄 수밖에 없다. 그러면 한성백제를 이렇게 만든 근거, 육각형 집 복원 모형의 사진을 보자.

풍납토성 경당지구 44호 건물 복원 모형이라고 되어 있는, 바로 이 모형이 한성백제의 왕이 의식을 치른 건물의 기본 구조인 것이다. 얼핏 보아도 제대로 된 고대국가에서 왕실의 중요한 의식을 치를 만한 건물이라고 보기 어려운 허름한 오두막에 불과하다. 그런데도 한성백제의 왕이 이런 건물에서 의식을 치렀다 한다면, "한성백제는 제대로 된 고대국가가 아니었다"라고 홍보하는 꼴이다. 그런 백제가 고구려의 라이벌이었다니, 어쩌면 고구려의 얼굴에도 먹칠하는 꼴이 될지도 모르겠다.

바로 이런 일을 한성백제박물관에서 당당하게 하고 있다. 그런데 더 황당한 점은 한성백제를 모욕하는 것과 다름없는 모형을 만들게 된 근거다. 사실 그 근거는 너무나 단순하다. 한성백제박물관을 중심으로 한 인사들에게는 무조건 풍납토성이 한성백제왕성이어야 한다. 특히 신희권이니 김기섭 같은 인물은 이를 왕궁이라 우기고 있다.

그러니 여기서 발견되는 건물 역시 무조건 한성백제왕실과 연결시킬 수밖에 없다. 하지만 발견되는 건물 대부분은 앞의 사진에서 보아 왔던 것처럼 육각형 오두막집이다. 어쩔 수 없이 이 오두막들을 왕궁 내지 왕성에 있었던 건물로 만들어야 했다. 그 결과가 바로 앞에서 소개한 모형 같은 것이다.

그래서 "한성백제에서는 중요한 의식을 이런 오두막에서 치렀다"는 메시지를 주는 전시물을 만들어 대한민국 국민들에게 내밀 수밖에 없게 되었다는 이야기다. 대한민국 국민뿐 아니라, 이미 서울의 중요한 관광명소로 자리 잡은 올림픽 공원의 한성백제박물관을 방문하는 모든 사람들에게까지 한성백제의 이미지를 이렇게 심어 놓게 된다. 이게 무슨 꼴이 되나? 몇몇 사람들 사리사욕이나 채워 주자고, 한성백제를 제대로 된 고대국가 단계로 접어들지도 못한 나라로 몰아가는 것 아니냐는 것이다.

희귀한 오두막 복원의 비밀(?)

이쯤에서 한성백제의 왕이 허름한 오두막에서 의식을 치른 모형을 만든 또 한 가지 비밀(?)에 대해서도 언급해야 할 것 같다. 보통은 이 건물 모형을 보고 스쳐 지나가기 마련이지만, 관심을 가지고 찬찬히 뜯어보면 매우 기묘한 형태라는 것을 알 수 있다. 그중에서도 핵심은 바로 지붕 구조가 이중으로 되어 있다는 점이다. 지붕의 가장자리는

경당지구 44호 건물의 이중 지붕 구조

기와를, 가운데는 초가를 얹은 구조다. 건물 전체 모형으로는 잘 보이지 않을 수 있으니, 의식 장면을 재현한 모형에서 지붕 부분만 찍은 사진으로 보자.

이 사진을 보면 지붕의 가장자리는 기와를, 가운데는 초가를 얹은 구조가 훨씬 확실하게 보일 것이다. 그런데 이런 구조를 보면 일단 이상하다는 생각이 들 수밖에 없다. 보통은 지붕이 기와면 기와, 초가면 초가라는 식으로 뒤섞이지 않는다. 그런데 경당지구 건물 모형은 일부는 기와, 일부는 초가라는 식의 해괴한 형태로 만들어져 있는 것이다. 도대체 왜 지붕을 저런 식으로 만들어 놓은 것일까?

그 해답은 바로 풍납토성에서 발견되는 기와와, 건물 터가 정상적인 조화를 이루지 못하고 있다는 데에 있다. 사정을 구체적으로 이야기해 보자면 이렇다. 풍납토성에서 대량의 기와가 발견된다는 점은 익히 알려진 사실이다. 바로 이 점이 풍납토성을 한성백제왕성이라고 밀어붙이는 중요한 근거가 되어 왔다.

그런데 이렇게 주장하고 싶어 하는 사람들에게 골칫거리는 풍납토성에서 발견되는 건물에는 기와를 올려놓을 만한 구조를 가진 것이 없다는 사실이다. 이 점에 대해서는 이전의 책 《잃어버린 백제 첫 도읍지》에서 다룬 바 있으니 일단 생략하기로 하겠다. 이를 해결하기 위해 풍납토성을 왕성이라 주장하는 측에서도 건축학자를 섭외할 수밖에 없었다.

섭외를 받은 건축학자는 매우 고민을 할 수밖에 없었다. 육각형집은 도저히 기와를 얹을 수 없는 구조였던 것이다. 이 역시 비전문가들이 흔히 속아 넘어갈 수 있는 문제이니, 약간의 해설을 덧붙여 보자. 보통 기와집이라 하면 지붕 위에 기와만 올려놓으면 되는 줄 아는 경우가 많다.

그런데 무엇 때문에 기와집을 지을지 생각해 보자. 초가집이 겉으로 보기에는 어떨지 몰라도, 비가 오면 듬성듬성 엮인 초가지붕이 제대로 비를 막아 주지 못한다. 제대로 된 집에서 사는 사람들은 비가 새는 집에서 사는 경험을 해본 적이 없겠지만, 한번 상상만 해봐도 짐작은 갈 것이다. 특히, 자고 있는 데 지붕 여기저기서 물이 뚝뚝 떨어지는 장면만 상상해 봐도 끔찍할 테니까. 그래서 옛날에 있는 집에서는, 이보다 훨씬 비를 잘 막아 줄 수 있는 기와집을 짓는다.

그런데 지붕 위에 기와만 올려놓는 단순한 구조로는 초가보다 월등하게 비를 잘 막아 줄 수 없다는 점은 상식적으로 생각해도 분명하다. 이렇게 하면 기와 사이의 틈으로 빗물이 마구 스며들어 떨어질 테니까. 그렇기 때문에 이런 현상을 막기 위해 기와지붕에는 먼저 점토를 씌워 비를 막는 구조를 만든다. 그러고도 그 위에 석고를 입혀 비가 샐 곳을 더 철저하게 막아 놓고 나서야 기와를 올리는 것이다. 이러니 기와지붕에는 기와뿐 아니라 점토와 석고 무게까지 추가된다.

이런 사정을 알고 보면, 23cm짜리 기둥을 벽처럼 세워 놓은 구조로 제대로 된 기와집이 될 수 없는 점은 쉽게 확인할 수 있다. 그렇기 때문에 육각형 집을 번듯한 기와집으로 복원해 놓는 짓은, 건축학자로서의 기본적인 양심만 있어도 허락할 수 없었을 것이다. 그렇다고 해서 기와를 올려놓지 않는 식으로 복원하면, 한성백제박물관 측에서 좋아

초가지붕 위에 기와를 올려놓은 기이한 모습

하지 않을 것이니, 고민을 할 수밖에 없었다. 그래서 고안해 낸 방법이 지붕 일부만 기와를 올리는 방식이었다. 이렇게 해서라도 육각형 집을, 기와 올려놓는 구조로 만들어 놓아야 했던 것이다. 바로 이렇게 해서 탄생한 것이 바로 지금 한성백제박물관에서 전시하고 있는 모형이다.

육각형 집을 이런 모형으로 복원한 건축학자의 고민을 읽어 낼 수 있는 또 다른 사례가 있다. 바로 옆에 위에서 보여 준 모형과 같은 건물 터를 두고 또 다른 형태의 건물을 제시하고 있는 것이다. 이것은 앞서 보여드린 모형과 반대로 지붕의 가운데 부분은 기와가, 가장자리에는 초가가 올라가는 구조로 만들어 놓았다.

어떻게든 지붕 무게를 일부라도 줄여 기와를 올리는 식으로 복원하기 위한 몸부림인 셈이다. 그래도 이 건물 복원에 대한 토론자였던 명지대 건축학과 김홍식 교수는, 이래도 육각형집의 구조로는 기와 무게를 일부라도 버티지 못한다는 견해를 냈었다. 물론 철저하게 무시되었지만, 다른 사람이 복원한 육각형집의 모형은 89쪽의 그림처럼 나왔다. 이 모형은 지붕 전체가 초가로 덮여 있는 형태다. 건축학 쪽 논쟁에 대해 전문가 아닌 필자가 잘라 말할 입장은 되지 못하지만, 적어도 이 부분 전문가라 할 수 있는 건축학자들 사이에서도 육각형집에 기와를 올려놓을 수 있다고 모두가 인정하는 상황이 아니라는 점은 확인할 수 있다.

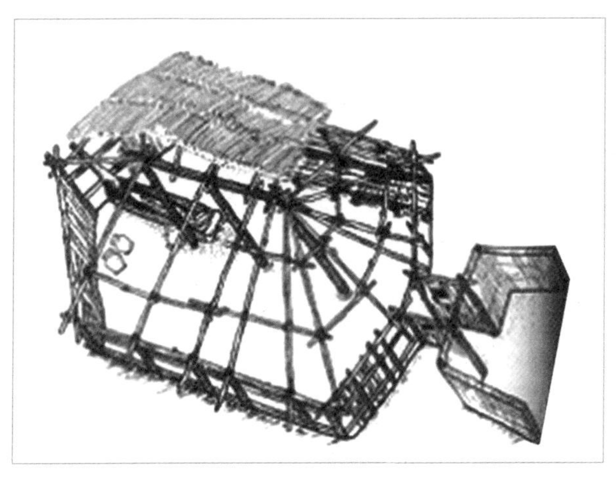

육각형집 복원도

어쨌든 이렇게 육각형 집을 희귀한 형태로 복원해 놓고 보니 좀 찜찜하다. 한성백제 정도 되는 나라가 동아시아 역사에 좀처럼 나타나지 않는 해괴한 건물을 주로 지었다고 해야 하는 꼴이 된 셈이니까. 그래서 갖다 붙인 사례가 바로 '히미코의 궁궐로 추정되는' 일본의 굴립식 건물이다.

앞서도 언급했듯이, 이곳 건물은 정말 '히미코의 궁궐'인지 확인도 되지 않은 상태다. 이를 제멋대로 전제로 놓은 것도 문제지만, 백번 양보해서 이를 인정하면 어떤 꼴이 될까? 바로 이런 논리를 정당화시키기 위해, 김낙중이 주장한 논리가 필요해진 것이다. 한성백제의 국가 발전 단계를, 고대국가조차 완성시키지 못했다는 평가를 받는 히미코 시대와 비슷하거나 심지어 그보다도 더 뒤처진 단계로 몰아가겠다는 논리 말이다.

우리 조상 깎아내리기를 부추겨라!

김낙중 등이 이렇게 백제를 형편없는 나라로 몰아간 결과가, 그저 우리 사회 일부에서 그런 주장을 편 정도에서 그친다면 그나마 다행일 것이다. 하지만 앞서도 언급했듯이 한성백제와 관련된 문제는 동아시아 고대사에 대한 해석의 흐름을 바꾸어 놓을 수 있는 성격의 것이다. 그러니 한성백제가 김낙중 등의 주장대로 형편없는 후진국이었다는 주장이 판을 친다면, 동아시아 고대사 서술에도 반영될 수밖에 없다.

그렇지 않아도 중국·일본 측에서는 한국계 고대국가를 깎아내리고 싶어 한다. 그래야 상대적으로 자기 조상의 위상이 올라간다는 단순한 동기뿐 아니라, 정치적인 이해관계까지 걸려 있다. 이런 상황에서 대한민국 고대사 전문가라는 사람들이 스스로 백제를 형편없는 나라로 몰아 대고 있으니, 중국·일본 학자들이 이를 이용하려 하지 않을 턱이 없다.

이런 측면에서 주목해 볼 만한 것이, 중국 남경사범대학 소속 왕지고(王志高)라는 교수의 발표문이다. 이 발표문의 존재는 필자의 우려가 쓸데없는 것이 아니라는 점을 보여 주는 사례가 되어 줄 것 같다. 이는 임영진·권오영·신희권 등이 포함된 학술회의에 초청된 중국 학자의 발표문이다. 이 발표문은 2012년 발행된 《동북아시아사 속의 풍납토성》이라는 책 속에 '풍납토성의 세 가지 문제에 대한 시론'이라는 제목으로 실려 있다. 여기서 왕지고가 백제라는 나라를 어떻게 보고 있는지에 대한 부분만 인용해 보자.

> (상략) 풍납토성이 백제 초기의 왕성 유적임이 분명해졌다. 그러나 도성이 된 시기는 물론 성의 규모 등에서 풍납토성은 동시대 중국의 2대 고도인 육조의 건강성 및 한위 시대의 낙양성과 동일 선상에서 논의될 수 없으며, 심지어 고구려 후기의 왕도인 평양성에도 미치지 못한다. (하략)

이 뒤에 "출토 유물을 통해 문화적 복잡성, 토성의 국제성에서 풍납토성이 기타 고도가 가지지 못한 지위를 가지고 있다" 운운해 놓기는 하지만, 뭐라고 해놓았던 풍납토성이 중원이나 고구려와 비교할 수 없을 수준의 규모와 기술 수준이라는 점을 분명히 해놓은 셈이다. 이런 수준의 도성조차 완성된 시기가 형편없이 늦었다는 뜻도 내비쳤다. 이러한 태도는 국제사회에서 백제의 위상과 직접 연결된다. 그 부분에 대한 왕지고 발표문의 내용이다.

> (상략) 근초고왕 이전의 백제는 아직 삼국의 오나 진과 직접적으로 교류할 실력과 조건을 갖추지 못하였기 때문에 (하략)

그런데 백제에 대한 평가는 단순히 백제의 위상을 깎아내리는 데에만 그치지 않는다. 자연스럽게 고구려에까지 불똥이 튀게 된다. 왕지고의 발표문에도 바로 이런 점이 반영되어 있다. 백제와 고구려의 국제적 위상을 높이 평가하는 입장에서는 짜증이 날 만한 내용이다.

> (상략) 주지하다시피 고구려 건국 초기 그 세력은 겨우 중국 동북 길림성의 혼강 유역에 불과하여 환인현 경내에 도읍을 하고 4세기 초에 이르러 겨우 낙랑을 점령하고 한반도 북부까지 발전했다. 백제는 고구려에서 갈라져 나온 신생 정권으로 (하략)

이와 같이 왕지고는 백제뿐 아니라, 고구려의 위상까지도 깎아내리고 있다. 한국사 범주에서 가장 강력한 제국을 건설했다고 여겨지는 고구려가 4세기 초까지도 "겨우 중국 동북 길림성의 혼강 유역에 불과한" 조그마한 국가였다고 보겠다는 뜻을 분명히 했으니까. 더욱이 백제는 바로 그런 수준밖에 안 되는 "고구려에서 갈라져 나온 신생 정권"이란다.

이러한 평가가 내려진 배경이 백제가 세워진 시기와 불가분의 관계에 있는 풍납토성의 건설 시기와도 맞물리고 있다. 왕지고는 "풍납토성에서는 아직껏 어떤 기년 자료도 나오지 않았기 때문에" 연대 측정은 "주로 성안에서 출토된 중국산 도자기에 의존하고 있다"라는 전제를 놓고 풍납토성의 건설 연대를 추정했다. 그래서 중국산 도자기에 대해 이런 저런 분석을 늘어놓고 난 후 내려진 결론은, "근초고왕 26년에 해당하는 서기 371년부터 한성이 도성 기능을 하기 시작하여, 도성은 남성(南城)과 북성(北城) 두 토성으로 이루어져 있었다"라는 것이다. 물론 여기서 남성은 몽촌토성, 북성은 풍납토성이다.

매국(賣國)이 따로 있을까?

이 분석(?)을 종합하면 결론은 대충 이렇게 된다. 백제는 근초고왕 대에 가서야 겨우 고대국가 도성의 꼴을 갖추었다. 그런데 이조차 중원제국은 물론 고구려에 비해서도 형편없는 수준이다. 백제가 이런 수준이었음에도 불구하고, 고구려는 백제에 고전을 치렀다. 그러니까 고구려 역시 별 볼 일 없는 세력이었다는 시사가 되는 셈이다. 이래서 고구려까지 도매금으로 위상이 깎인 것이다. 이러한 결론은 임나일본부설을 날조한 대표적인 식민사학자 스에마쓰 야스카즈(末松保和: 1904~1992)의 주장과 일치한다. 결국 백제는 근초고왕이 세운 나라인데, 이때서야 나라를 세운 신생 독립국 수준의 백제가 중원제국은 물론 고구려 수준의 도성을 만들 능력도 없었다는 이야기가 되겠다.

물론 이 자체야 수준 떨어지는 중국 학자의 천박한 인식일 뿐이라고 생각할 수 있다. 사실 왕지고는 풍납토성에 관심을 가지고 있는 전문가라면 기본적으로 알고 있는 정보조차도 무시하고 있다. 일단 "풍납토성에서는 아직껏 어떤 기년 자료도 나오지 않았다"라는 식의 주장부터 사실과 다르다.

1990년대 본격적인 발굴을 하면서, 성벽 안에서 발견된 시료를 통해 이미 서기전 1세기 전후에 성벽이 세워졌다는 보고서는 제법 오래전에 나왔다. 물론 이후 조사에서 5세기경으로 측정되기도 했지만 이는 별개의 문제일 뿐이고, 어쨌든 "풍납토성에서 지어진 연대를 알려줄 자료가 나오지 않은" 것은 아니다. 왕지고는 이런 기초 자료조차 몰랐는지 무시했는지 제외해 버리고, '중국 도자기'에만 기준을 맞추어 풍납토성이 지어진 연대를 추정해낸 것이다.

"남성은 몽촌토성, 북성은 풍납토성"이라는 논리를 아무 생각 없이 따라가는 것도 왕지고의 수준을 보여 준다. 그것도 장수왕의 한성백제 공략 사료를 이용하면서. 이때 장수왕은 3만이라는 병력을 동원해서 한성백제의 왕성을 공략했다. 그런데 3만이라는 병력이 거의 붙어 있는 것이나 다름없는 풍납토성과 몽촌토성을 공격하면서, 남성이라는 몽촌토성을 손대지 않고 있다가 7일 후에나 공격할 수 있을까? 장수왕이 백제왕성이라는 가장 중요한 거점을 공략하면서, 일부러 병력 상당수를 놀게 하면서 장난처럼 공격했다고 하지 않을 바에야 있을 수 없는 일이다. 이런 논리까지 생각 없이 수용하는 점을 보면 왕지고라는 학자의 수준을 가늠하기 어렵지 않다.

뿐만 아니라 고구려의 위상에 대한 평가도 문제다. 중국의 사서(史書)에는 "고구려 초기부터"라고 되어 있다. 후한 등의 중원제국에 고분고분하지 않고 맞섰던 것이 고구려에 험한 평가를 내린 이유라 할 수 있다. 뒤집어 말하자면 그만큼 중원제국에 고구려가 만만하지 않았다는 이야기가 된다. 이런 고구려를 두고, "4세기 초까지 겨우 중국 동북 길림성의 혼강 유역에 불과한" 나라에 불과했다는 식으로 깎아내린 것도 왕지고의 인식 수준을 보여 준다. 그래서 이러한 인식이 "단지 왕지고라는 개인의 주장일 뿐"이라고 몰아갈 수 있는 것이다.

하지만 여기서 생각해 보아야 할 측면이 있다. 이런 주장에 인용된 기초 근거를 누가 제공해 주었느냐는 점이다. 당장 백제에 대해 형편없는 나라라는 식의 평가를 내리게 된 기본 근거가 '한성백제왕성이라는 풍납토성'이다. 이 풍납토성의 규모와 기술 수준이 중원제국이나 고구려와 비교하기가 민망할 정도라는 점이, 백제는 말할 것도 없고 고구려의 위상까지 깎아내리게 된 기본 근거라는 이야기다.

그리고 왜 하필이면 이런 수준밖에 안 되는 사람을 초청해서 발표를 시키며, 장단 맞추게 했느냐는 점도 문제다. 대한민국에서 초청한 학술회의에서 이렇게 주장한 사람이 자기 학교 학생들에게 어떻게 가르치겠나? 적어도 남경대학 학생들은 한성백제가 이렇게 형편없는 나라였다고 배울 것이다. 이런 인식이 남경대학에서만 그칠 것 같지도 않다. 그렇지 않아도 한국계 고대국가를 우습게 보고 싶어 하는 중국에 중요한 근거를 제공한 셈이다. 이런 근거를 이용하지 않으면 그게 오히려 이상한 일이다.

별다른 근거도 없이, 풍납토성을 한성백제왕성으로 만들어 버리려는 시도가 이런 결과를 초래하고 있다. 자기들끼리만 한성백제를 깎아내리기가 아쉬웠는지, 이렇게 한국 역사에 잘 알지도 못하는 수준 미달의 외국 학자까지 풍납토성 관련 학술회의에 불러들인 결과가 어떻게 나타날지 몰랐는지, 관심이 없었는지는 모를 일이다. 사실 전문가 수준에서 조금만 생각하면 예측 못할 일은 아니었을 테지만, 풍납토성을 한성백제왕성으로 외국에서까지 공인받고 싶은 마음이 앞선다면 별로 떠올리고 싶지는 않았겠다.

동기야 어쨌건, 외국 학자까지 끌어들여 풍납토성을 한성백제왕성으로 몰아간 결과는 이렇게 나타난다. 덕분에 결국 우리 조상 얼굴에 먹칠하게 부추긴 셈이 되었다. 그리고 이는 단순히 조상들의 문제에서만 그치지 않는다. 지금도 대한민국은 역사를 두고 중국·일본 등의 나라와 국익이 걸린 갈등을 빚고 있다. 여기서 고대사 문제도 비중이 적지는 않다. 근거라도 확실하다면 차원이 다르겠지만, 이런 상황에서 근거도 없는 사실을 공인받으려 대한민국에 불리한 사실을 만들어 퍼뜨리게 만드는 장면을 보며 매국(賣國)이라는 말을 떠올리는 게 지나친 것일까?

4장
초점 흐리기

적반하장

풍납토성에 관한 논쟁을 하다 보면, 고전적인 수법 하나를 보게 되는 경우가 많다. 논쟁이 진행되다 보면 초점이 슬슬 변질된다는 점이다. 그러다 보면 도대체 초점을 어디에 맞추어 논쟁이 진행되고 있는지 아무도 모를 지경이 되고 만다. 이런 현상은 보통 찜찜한 것이 많은 측에서 고의적으로 조장하기 때문에 나타난다.

이번 경우라고 예외는 아닌 것 같다. 필자와 강찬석 선생이 이전에 출간한 책의 주제는, 풍납토성만큼은 한성백제왕성이 아니라는 점에 초점을 맞춘 것이다. 그러니 여기서 촉발된 논쟁이라면 "풍납토성이 왕성이냐 아니냐?"가 우선적인 초점이 되어야 한다. 물론 "진짜 한성백제 왕성은 어디냐?"라는 문제가 제기되는 것까지는 자연스러운 현상이라 보아 줄 수도 있다.

하지만 여기서부터는 확실히 해두어야 한다. 어느 정도 발굴이 진행되고 자료가 모인 곳을 두고 "이곳이 아니다"라는 말은 확신을 가지고 할 수 있지만, 제대로 확인되지 않은 곳을 지목하여 "이곳이다"라고 잘라 말하기는 어렵다. 그런 차원에서 이전에 출간했던《잃어버린 백제 첫 도읍지》에서는 "풍납토성은 한성백제왕성이 아니다"라는 점에 초점을 맞추고, 대안으로는 한성백제왕성으로 유력하다고 여겨지는 곳을 지목하고, 확인을 촉구하는 수준에서 그쳤다.

그럼에도 불구하고 풍납토성이 한성백제왕성이라고 주장하는 측에서, 묘한 논리를 내세우려는 경향이 보이는 것 같다. 제대로 조사된 적도 없는 지역을 두고, 확실한 증거가 나오지 않았으니 "왕성 지역이 아니다"라는 식으로 몰아가는 것이다. 물론 이런 논리도 또다시 엉뚱한 곳을 한성백제왕성으로 지목하여 혼선을 빚는 사태를 막기 위한 것이라면 납득해 줄 측면이 있다. 다음 장에서 이 부분에 대해서 따로 언급하겠지만, 조사도 제대로 하지 않은 하남 지역을 두고 "이곳이 한성백제왕성이다"라고 잘라 말하는 사람들도 있다.

그러나 이들 대부분은 이른바 '향토사학자' 등으로 불리는 사람들이고, 필자나 강찬석 선생이 거리를 두고 있는 상태다. 필자는 내심 하남 춘궁동 지역이 한성백제왕성의 중심 지역이라고 생각은 하고 있지만, 그렇다고 잘라 말한 적은 없다. 단지 왕성 흔적이 나올 가능성이 높은 지역임을 시사하는 근거 몇 가지를 제시하고, 앞으로 발굴에 우선순위를 두어야 한다는 정도였다.

사실 만에 하나 하남시 일대가 한성백제왕성 지역이 아니라 해도, "그러니까 풍납토성이 왕성이다"라는 논리가 성립하는 것도 아니다. 그러한 측면에서 이전에 출간한 책의 초점을 "풍납토성은 한성백제왕성이 아니다"라는 데에 두었기 때문에, 사실 "진짜 한성백제왕성이 어디냐?"라는 문제에는 부수적인 관심을 두는 정도로 그쳤던 것이다. 더욱이 우리는 하남시 지역에서 현재 발굴된 유적들을 두고 한성백제의 유산이라고 한 사례도 별로 없다.

이에 비해 필자와 입장을 달리하는 일부 '향토사학자'를 중심으로 하는 이들은, 현재 발굴되어 있는 일부 유적을 근거로 하남 지역을 한성백제왕성의 중심 지역이라 단언하는 상태다. 현재 발굴된 유적 상당수를 한성백제의 것이라고 주장하기도 한다. 이런 주장이 어떤 문제를 가지고 있는지에 대해서는 후에 따로 지면을 할애하여 설명하도록 하겠지만, 어쨌든 필자의 주장이 '향토사학자'를 중심으로 한 사람들의 주장과 구별되어 언급되어야 한다는 점에 대해서는 더 이상 덧붙일 필요는 없을 듯하다.

그런데 이렇게 너무나 당연한 원칙도 일부 고고학자들에게는 무시해 버려도 좋을 것으로 취급되고 있다. 그 대표적인 인물이 토지박물관장인 심광주다. 관련된 그의 주장을 보자.

> 이성산성과 하남시 일원에서 백제 왕도로 추정할 수 있는 구체적인 증거가 전혀 확인되지 않은 셈이다. 백제 유적보다는 오히려 신라-통일신라와 고려시대의 유적이 집중적으로 확인되었는데, 이는 이 지역의 역사적인 배경이 무엇인지에 대한 실체적인 증거라고 할 수 있다.

> 이성산성은 1986년 1차 발굴조사가 시작된 이래 거의 30여 년 동안 12차에 걸친 발굴조사가 이루어진 우리나라의 대표적인 산성유적이다.

그동안 발굴조사를 맡아 온 한양대학교 박물관은 조사결과를 바탕으로 이성산성이 6세기 중엽 신라가 한강 유역으로 진출하면서 쌓은 신라성이라고 주장하였다. 이에 반하여 서울대학교 최몽룡 교수와 한밭대 심정보 교수를 비롯한 한종섭, 오순제 등 하남시의 향토사학자들을 중심으로 이성산성이 한성백제기 백제 도성의 하나였다는 주장을 굽히지 않고 있다. 이성산성의 축성 주체에 대한 서로 다른 견해가 이렇게 30여 년 동안 지속되어 온 이유는 무엇일까? 발굴조사를 통하여 축성 주체를 밝히는 것이 정말 어렵기 때문일까, 아니면 다른 이유가 있기 때문일까?

1~3차까지의 발굴조사만으로도 이성산성에서는 백제 유물이 거의 출토되지 않아 이미 신라에 의하여 초축되었으며, 553년 신라가 한강 유역을 점유하고 설치하는 신주의 치소성으로 추정된 상태였다. 목간과 함께 출토된 유물을 바탕으로 목간에 쓰여 있는 무진년은 608년으로 추정되었으며, 이성산성의 원래 명칭이자 한산주의 치소성의 명칭이었던 '남한성(南漢城)'이었다는 것을 밝힐 수 있게 되었다.

이후 한강 북안의 아차산성에 대한 발굴결과 '북한성(北漢城)'이라는 명문기와가 출토됨으로써 한강을 사이에 두고 이성산성과 아차산성이 신라의 '남한성'과 '북한성'이었음이 밝혀지게 되었다.

이 내용을 요약하면 이성산성을 중심으로 한 하남시 일대에서는 신라 유물과 유적이 나왔을 뿐이므로 한성백제와의 연관성을 찾기 어렵다는 뜻이 되겠다. 그리고 이렇게 점잖은 차원의 지적에서 끝낸 것이 아니다. "발굴조사를 통하여 축성 주체를 밝히는 것이 정말 어렵기 때문일까, 아니면 다른 이유가 있기 때문일까?"라는 구절을 넣어 하남시와 한성백제왕성을 연결시키는 사람은 모두 학술적인 이유가 아닌 다른 이유를 가지고 있는 것처럼 몰아갔다.

일부에서는 이성산성 등에서 발굴된 유물과 유적이 백제 것이라고 우기고 있는 것이 사실이니, 필자도 다른 이유로 이성산성 등 하남시 유적과 한성백제왕성을 연결시키는 집단이 존재하지 않는다고 하자는 뜻은 없다.

구별을 못하는 것일까 안 하는 것일까?

하지만 이런 내용을 누구를 비판하는 데에 이용한다면 문제의 차원이 달라진다. 이것이 하남시 일대의 유적을 백제 것이라고 주장하며, 확인도 하지 않고 하남시 일대를 한성백제왕성으로 확정 지으려는 측에 대해서는 위와 같은 비판도 의미를 가질 것이다. 사실 현재 확인된 유적과 유물 상당수가 신라 등 백제 이후에 만들어진 것이라는 점 역시 강찬석 선생이 부정한 적 없다.

이에 대한 우리의 주장을 다시 한 번 확인해 보면 이렇다. 그동안 초기 발굴에서는 주로 신라 유적이 많이 나왔지만, 이는 나중에 신라가 이 지역을 점령하고 경영했으니 당연한 일이다. 그런데 발굴이 여러 차례에 걸쳐 진행되면서, 이성산성 주변 등지에서 명백한 백제 유물이 발굴되기 시작했다. 또 이성산성의 성벽 같은 경우는 적어도 3차에 걸쳐 쌓은 것이 확인되었다. 그렇다면 아직 발굴되지 않은 아래쪽에서 백제 유적이나 유물이 발견될 가능성을 열어 두어야 한다.

하지만 강찬석 선생은 이성산성에 대한 8차 발굴에서 명백한 백제 토기인 목 짧은 항아리가 발굴되었음에도 불구하고, 이 내용을 발굴 보고서에 밝히지 못하게 하는 현장을 목격했다. 그리고 당시 발굴보고서에도 이를 백제토기라고 밝히지 않고 "삼국시대 초기토기"라는 식으로 얼버무려 놓았음도 확인해 놓았다. 그래서 발굴하는 사람들이 이런 태도를 가지고 있으면, 발굴 보고서 왜곡은 물론이고 자기 논리에 맞지 않는 유물과 유적을 훼손시켜서까지 주장을 관철시킬 수 있다는 점을 질타했다.

물론 그렇다고 해서 토기 몇 개 나왔으니 "초기 이성산성은 백제가 쌓은 것"이라 잘라 말한 적도 없다. 단지 이성산성에 남아 있는 8각·9각·12각 건물 터를 두고 백제 건축물의 특징일 수 있음을 제시했을 뿐이다. 특히 천왕사 터에 나오는 목탑터에 대해서는, 이른바 일부 향토·재야사학자들이 보이는 태도와는 극명하게 다르다. 일부 향토·재야사학자들은 천왕사 터의 이른바 '상부목탑 초석'을 두고 백제 목탑 초석이라 주장하고 있다. 하지만 강찬석 선생은 그렇게 주장한 적이 없다. 오히려 그 상부목탑 초석은 둘레를 네모지게 깎아 낸 점으로 보아 신라 기법이 분명하다 확인했다.

문제는 강 선생 주장의 초점이 이 상부목탑에 맞춘 것이 아니라는 점이다. 강 선생은 이 천왕사 터의 시굴현장에 갔다가 '상부목탑터'아래에 별개의 목탑터가 있음을 확인했다는 것이다. 그리고 여기서 목탑의 심초석처럼 보이는 것까지 확인하고 사진에 담았다. 현장에서 이것을 확인하자고 건의했지만, "시험발굴이라 더 이상의 진행은 불가하다"라는 말만 돌아왔고, 이것들은 그대로 다시 묻혀 버렸다. 강찬석 선생은 안타까운 마음에, 그때 확인하지 못한 심초석을 확인해 보면 황룡사 목탑보다 더 큰 백제 목탑을 발견할 가능성이 있음을 주장한 것이다. 그 근거는, 건축학자의 경험상 신라가 세운 상부목탑은 아래에 있던 목탑이 완전히 없어져 버린 다음에 세워진 것이었다고 한다. 이렇게 하나의 거대 목탑이 완전히 없어지려면 300~400년이 걸리니, 신라가 세운 상부목탑 건립 시기에서 역산하면 한성백제 시대가 된다는 이야기다. 이런 근거를 확보해 놓은 상태에서 "확인해 보자"라는 주장까지 못할 이유가 없다.

이 정도면 우리와 이른바 재야사학자들의 주장이 분명 다르다는 점을 더 확인시켜 드릴 필요가 없을 것이다. 하지만 심광주는 이런 차이를 모르는 일반인의 맹점을 교묘하게 악용했다. 필자나 강찬석 선생이 한 적도 없는 주장을 가지고, 일부 재야사학에 동조한 것처럼 이들 부류에 포함시켜 싸잡아 비난한 것이다. 이런 행각이 파렴치한 눈속임이라는 이야기다.

더욱이 이런 행각이 고의적이라면, 토지박물관이라는 공기관 수장의 도덕성까지 문제가 될 것이다. 그런데 이런 행각이 고의적임을 엿볼 수 있는 정황이 있다. 그것이 바로 심광주의 발표 방식이다. 글로 남는 그의 발표문에는 필자와 강찬석 선생의 이름이 빠져 있다. 따라서 발표문만 보아서는 별 문제가 없는 내용으로 보이게 만들어 놓은 셈이다. 그런데 발표 현장에서 보여 준 PPT와 육성에는 필자와 강찬석 선생도 일부 향토사학자들과 같은 주장을 한 것으로 만들어 놓았다.

발표문 형태로 남는 내용에서는 제외해 두고 현장에서 잠깐 보여 주며 말로만 때워 버리는 내용에 포함시켜 놓으면, 필자와 강찬석 선생을 재야사학자들과 구별하지 않고 몰아갔다는 흔적이 남지 않는다. 이런 행각의 영향이 적을 수는 없다. 이런 발표 현장까지 오는 사람은 대부분 관심이 많고, 이에 대한 여론을 형성하는 집단에 속해 있는 경우가 많다. 그러니 이 문제에 미치는 영향력도 크다. 바로 그런 사람들에게 하지도 않는 말을 했다는 식으로 매도해 놓고, 나중에 항의를 받으면 오리발을 내밀 수 있게 만들어 놓은 꼴이니까.

실제로 현장에서 필자가 주최 측에 항의했지만, 묵살되었고 현재까지도 이에 대한 사과나 수정을 통보받은 적도 없다. 그러한 점을 보아 이런 행각이 단순한 착오가 아니라고 확신하는 것이다. 필자에게는 다행히도, 이 내용이 현장을 녹화하던 영상에 잡혔기에망정이지 그렇지 않았다면 심광주가 필자와 강찬석 선생을 매도한 증거까지 남지 않을 뻔 했다.

5장
왕성의 증거?

근거의 돌려막기

앞서도 보여드렸듯이, 풍납토성을 한성백제왕성으로 몰아가면서 내세우는 논리 중 하나는 "수많은 전문가들이 심오하게 연구하여 논증했다"라는 것이다. 그런데 정작 가장 핵심적인 근거가 되어야 할 '왕성의 증거'라는 부분은 의외로 간단하다. 풍납토성에 대한 이른바 '연구사(研究史)'라는 것을 제대로 살펴보면 이 몇 안 되는 근거들을 반복해서 내세운다는 사실을 알 수 있다.

'수많은 전문가들'이 가장 핵심적인 근거를, 이른바 '돌려막기'식으로 우려먹으며 '거시적, 미시적으로 깊이 검토하고 논증'했다고 몰아갔던 셈이다. 그런데 이렇게 같은 근거를 반복하는 것으로 충분할 만큼 설득력 있는 근거가 있을까? 바로 그게 그렇지가 않기 때문에 문제를 삼는 것이다. 여기서는 바로 그 점에 대해 살펴보고자 한다.

그런 차원에서 2015년 10월의 학술 세미나에 참여하지 않았던 연구자의 주장도 한번 보자. 다음 인용문은 전남대 교수로 있는 임영진이 《동북아시아사 속의 풍납토성》이라는 책에서 내세운 근거다.

첫째, 규모에 있어 2.285km 둘레의 몽촌토성보다 3.5km에 달하는 풍납토성이 훨씬 더 크다.

둘째, 축조 방식에 있어 대부분 자연구릉을 이용한 몽촌토성보다 평지에 판축한 풍납토성의 축조에 훨씬 많은 노동력이 소요되었다.

셋째, 출토 유물이나 내부 시설에 있어 거의 전 지역이 시굴 혹은 발굴 조사된 몽촌토성에서는 최고지배세력이 거주했을 것으로 볼 수 있는 보다 적극적인 증거가 나타나지 않은 반면 풍납토성에서는 이미 청동 초두와 같은 중요한 제사 관련 유물이 출토된 바 있다.

넷째, 일반적으로 엘리트 남성 집단에 의해 장기간 점유되는 도성에서는 엘리트 여성 집단에 의해 사용되는 유물들이 출토되는 데 반해 군사적 목적을 지닌 무성(武城)에서는 여성 전용 물품이 출토되지 않은 점에 비추어 볼 때 몽촌토성은 하남위례성으로 보기 어렵다는 견해를 감안할 필요가 있다.

그리고 이런 근거는 1995년에 나온 임영진 자신의 서울대학교 박사학위논문 〈백제한성시대고분연구〉에 기원을 두고 있다고 주석을 달아 놓았다. 물론 해당 박사학위논문을 살펴보면, 풍납토성=한성백제왕성이라는 점을 밝히는 데 심혈을 기울인 내용도 아닌 것 같지만, 장본인이 자기 손으로 주석을 달아 놓았으니 그대로 인용하지 않을 수 없다. 어쨌든 풍납토성이 왕성 후보지로 부각되면서부터, 위에서 인용한 근거들도 따라 부각되었다고 하니 이런 근거들이 제시된 지 제법 오래되었음을 보여 주려는 차원에서 인용했음을 이해해 주시면 되겠다.

그런데 위 인용문을 보면 대단한 근거나 밝혀 놓은 것 같지만, 막상 뜯어보면 간단하게 요약할 수 있는 것들이다. 풍납토성은 "규모도 크고 기술적으로도 세련된 것"이며, "왕성임을 뒷받침하는 유물과 유구가 많다"라는 것이다. 좀 참신한 내용이라 해봐야, "군사적 목적에 비중을 두어 운영한 성에 비해 여성 전용 물품이 나온다"라는 정도다. 이것이 "풍납토성이 한성백제왕성이다"라고 보는 측의 주장대로 확실한 근거일까?

이에 대한 답은 명백하다. 우선 풍납토성의 규모부터가 그렇다. 이미 이전 책인《잃어버린 백제 첫 도읍지》에서도 밝혔고, 앞서도 부분적으로 언급되었듯이 풍납토성의 규모는 차라리 반증이라고 해야 할 것이다. 그러니 풍납토성의 규모를 내세우는 이들의 감각을 의심해야 할 것 같다. 중원제국이나 일본은 말할 것도 없고, 당장 같은 시대 경쟁자였던 고구려의 왕궁인 안학궁보다 약간 큰 정도에 불과한 풍납토성이 왜 이들 눈에만 크게 보이는지 모를 일이니까.

유물이 많다는 논리 역시 마찬가지다. 이 점에 대해서는 지난 저작인《잃어버린 백제 첫 도읍지》에서부터 지겹도록 반론을 해왔다. 단순히 유적이 많은 곳을 수도로 여기자면, 로마제국의 수도는 폼페이가 되어야 한다. 즉 유물은 수도였던 곳이 많이 남는 것이 아니라, 화산이나 홍수, 사막지역 등 유물이 잘 보존될 환경에 있는 곳이 많이 남을 가능성이 더 크다는 이야기다.

그리고 여기에 그나마 참신(?)하다고 추가해 놓은 '여성 전용 물품' 운운하는 논리도 그렇다. 왕성이 아니면 지체 높은 엘리트 여성들이 한 번도 살지 않았다는 논리가 성립한다는 뜻일까? 그리고 뒤에서도 다시 나오겠지만, 유물은 홍수나 이동 중 분실 등의 이유로 나중에 엉뚱한 곳에서 발견될 수도 있다.

이런 성향은《한성백제의 왕궁은 어디에 있었나》라는 책에 수록되어 있는 신희권의 글에서도 반복된다. 그 글의 제목은 '한성백제왕궁의 구조와 풍납토성'이다. 제목만 보면 그 글에서는 풍납토성에 나타나 있는 한성백제왕궁의 구조를 설명해 주고 있는 것 같다. 하지만 막상 내용을 읽어 보면 금방 배신감이 든다.

특히 제목에 제일 잘 맞는 부분이라 할 수 있는 'Ⅲ장 왕궁성으로서의 풍납토성' 부분이 걸작이다. 여기서의 시작은 풍납토성이 왕성으로서의 입지조건이 좋다며,《삼국사기》에 나타난 묘사와 딱 맞는다는 내용만 늘어놓고 마무리 지었다. 물론 이런 정도라면 풍납토성뿐 아니라, 한성백제왕성 후보지로 거론된 지역 어디라도 다 맞는 것처럼 보인다. 당연히 풍납토성이 왕성이라는 근거를 제시한 내용이 아니다.

그 다음에 이어지는 내용의 제목이 '왕궁성 내 주요 구조물'이다. 그런데 이 역시 읽고 보면 황당하다. 제목대로라면 이곳의 주요 구조물 흔적은 풍납토성이 왕궁이었음을 증명해주는 것들이어야 한다. 하지만 내용은 그런 것이 아니다. 맨 먼저 나오는 '궁전과 종묘'라는 부분부터가 눈속임이라고 할 수밖에 없다. 지금까지 풍납토성에서 나온 유물과 유구를《삼국사기》온조왕 때 기록 일부와 함께 늘어놓고 나서, 이것들이 왕궁의 종묘·사당 및 제단으로 보인다고 '추정'해 놓았다. 특히 풍납토성 안에서 발견된 폐 우물터는 "당시 왕이 사용하였던 어정을 의도적으로 폐기한 것으로 추정된다"라고 하였다. 그러니까 누가 봐도 왕궁 내지 왕성의 증거가 나온 것이 아니라, 제멋대로 왕성의 유구라고 추정해 놓은 것뿐이라는 이야기다.

이어지는 '왕궁 내 도시구획'이라는 부분의 내용이라고 별로 다를 것이 없다. 풍납토성에서 발견된 7~8m짜리 도로에 관한 내용을 재탕해 놓은 다음, 이것이 '궁성 안의 도로였을 것'으로 추정했다. 그리고 몇 탕을 해먹었는지 세기도 힘들만큼 반복되었던 기와 등 풍납토성에서 나온 유물과 마찬가지로 많이 우려먹었던 대형(?) 육각형 건물에 대한 설명을 늘어놓고 이러한 것들이 "체계화된 궁성의 구조를 보여주는 중요한 자료"라며 마무리 지었다. 풍납토성을 쌓는 데 동원된 인원에 대한 추정 역시, 김태식 기자가 취재 도중 전문가를 채근하여 대충 추산한 데에 불과하다. 이런 자료를 맺음말에 재탕해 놓으면서 결론짓는 방식도 되풀이되었다.

쉽게 말해서 신희권이 여기서 제시한 내용 역시 지금까지 나왔던 유물과 유구 등을 다시 나열한 다음, 이것들이 왕궁 내지 왕성의 증거라고 추측한 것에 불과하다는 이야기다. 그렇게 해놓고도 '왕궁성 내 주요 구조물', '궁전과 종묘' 같은 제목을 붙여 내용을 대충 보는 사람들이 왕궁 내지 왕성의 증거가 나왔다고 인식하게끔 만들어 놓은 것이다. 결국 이들이 제시한 왕성의 근거라는 것은, 지금까지 나온 내용을 돌려막기처럼 내세운 데에 불과한 셈이다.

앵무새처럼 되풀이하는 근거, '유물이 많다'

전문가라는 사람들이 다른 해석 가능성은 무시해 버리고, 이렇게 자기들이 추정한 내용을 바탕으로 원하는 결론을 내려놓은 행각이 과연 '학문'일까? 2015년 10월, 이들의 주장을 총망라해야 했을 학술회의에서도 이런 억지가 얼마나 반복되어 활용되는지 그 꼴을 살펴보자.

2015년 10월 5일 학술 세미나에서, 그나마 풍납토성이 한성백제왕성이라는 근거를 제시하는 척이라도 한 것이 권오영의 '유적과 유물이 말하는 풍납토성의 위상'이다. 우선 그의 주장을 인용해 보자. 그의 주장은 "한성백제의 역사를 보여 주는 수많은 유적 중에서 풍납토성의 중요성이 으뜸"이라고 꼽는 데에서 시작된다.

그 이유는 "유적에 내포되어 있는 의미와 유물의 양이 여타의 동 시기 유적을 압도하기 때문"이라는 것이다. 그래서 "유적의 규모, 내부에서 발견된 유구의 수량과 종류, 위상, 그리고 출토된 유물의 양과 다양성, 위계 모든 면에서 풍납토성을 능가할 동 시기 유적은 없다"라는 말을 덧붙였다. 이를 내세우면서 다음과 같이 잘라 말했다.

> 지하에 묻혀 있는 매장 문화재의 속성을 고려할 때 앞으로 더 중요한 유적이 나올 수도 있지 않나 하고 강변할 수 있겠으나, 적어도 거대한 성장(城墻)으로 둘러싸인 한성기의 왕성이 새로 발견될 가능성은 거의 없다고 판단된다.

여기서 그친 것이 아니다. 다음과 같이 말하며 풍납토성을 왕성이 아니라고 주장한 측을 매도했다.

> 불행하게도 사회 일각에서는 그동안 진행된 풍납토성 조사와 연구 성과를 부정 내지 무시하려는 시도가 일어나고 있다. 이러한 움직임이 어떠한 배경을 가지고 있는지에 대해서는 별도의 논의가 필요하겠으나, 이미 출토된 유물, 밝혀진 사실을 의도적으로 부정하고 왜곡하려는 시도에 대해서 객관적이고 실재하는 자료를 제시하려고 한다. 이러한 발표자의 의도가 수월하게 통할 리야 없겠지만, 선험적인 주장을 잠시 떠나 실상을 직시하기를 바라는 마음에서 이 글을 준비하였다.

이 정도면 상대를 매우 강력하게 비난한 셈이다. 물론 필자도 이렇게 매도당한 부류에 속하게 된다. 그랬으니 권오영은 이 말에 대한 책임은 져야 한다. 그런데 이런 말을 뱉어 낸 만큼 확실한 근거를 제시했을까?

그렇게 봐주기에는 일단 의문이 든다. 권오영이 가장 크게 내세우고 있는 근거가 "다른 유적에 비해 유물이 압도적으로 많다"라는 것이다. 그런데 바로 앞에서 이 문제에 대해 언급했다. '유물이 많다'는 사실은 왕성임을 증명하는 근거가 될 수 없다는 점, 벌써 몇 년 전에 출간되었던 책에서부터 지겹도록 밝혀 준 사실이다. 그럼에도 권오영은 적어도 머리말에서는 이런 문제에 대해서 한마디도 하지 않은 채, 그저 '유물이 많다'는 이야기만 앵무새처럼 되풀이하고 있는 것이다.

제대로 근거를 제시하자면, 이렇게 되풀이되는 눈속임 이외의 근거가 필요하다. 그런데 그 이상의 내용이 있는 것일까? 그렇다면 그의 발표문 목차 Ⅱ장인 '풍납토성의 중요 유구와 그 성격'이나 Ⅲ장에 해당하는 '풍납토성 출토 중요 유물의 의미'중 하나에서라도 그런 내용이 있어야 한다.

풍납토성의 규모가 크다?

왕성의 증거를 제시하려면 발표문 한 부분에서라도 확실한 근거가 나와야 하는데, 세부 목차부터가 수상하다. Ⅱ장인 '풍납토성의 중요 유구와 그 성격'에 해당하는 1절의 제목이 '성장(城墻) 규모의 탁월함'이다. 제목에서부터 '풍납토성의 규모가 크다'는 점을 강조한 셈이다. 첫 문장부터 이런 측면에서 노골적이다. 그래서 "풍납토성이 지닌 탁월함은 일단 그 규모에서 표현된다. 둘레가 3.2km, 기저부 폭이 40m, 높이가 12m를 능가하는 3~5세기 당시의 토성은 당시 한반도에는 존재하지 않았다"라는 점을 강조한 것이다.

내막 모르는 사람들은 이런 식의 말만 꺼내도, 대부분 '풍납토성의 규모가 이렇게 압도적으로 크다'고 생각하게 된다. 그런데 이런 주장을 편 권오영이 제시하는 비교대상에 주목해 보자. 그것은 '인근의 몽촌토성, 경주 월성, 대구 달성, 청도의 이서국성, 평양의 낙랑토성'이다.

이렇게 비교대상을 알고 보면 좀 황당하다. 우선 대구 달성, 청도의 이서국성을 도대체 무엇 때문에 비교대상에 집어넣어 놓았는지 이해하기가 어렵다. 백제 같은 고대국가의 왕성 여부를 따지는데, 대구 달성이나 청도의 이서국성이 고대국가의 왕성과 무슨 관계가 있을까? 사실 한국 고대국가 왕성과 상관없는 곳이라면, 당연히 규모가 작을 수밖에 없으니 이런 곳보다 좀 크다는 사실은 당연히 왕성의 근거가 될 수 없다. 이렇게 보면 대구 달성이나 청도의 이서국성은 일단 제외하고 보아야 할 것이다.

그러면 몽촌토성은 어떨까? 사실 맥락을 제대로 이해한다면 이 역시 비교대상으로 넣어서는 안 된다. 풍납토성의 규모가 여느 왕성에 비해 뒤지지 않는다는 점을 보여 주려면 당연히 확실한 왕성급과 비교해야 한다. 그렇지 않고 왕성이 아닐 수도 있는 곳과 비교해 버리면, 상대적으로 당연히 규모나 기술 수준을 과대평가하게 될 것이기 때문이다. 그런데 몽촌토성 역시 풍납토성과 세트로 왕성이 아니라는 시비에 엮여 있는 상태다. 그러니 풍납토성이 '몽촌토성보다 규모가 크니 왕성'이라는 논리를 내세우는 것은 번지 수 잘못 짚어도 한참 잘못 짚은 행각일 수밖에 없다.

이렇게 보면 '평양의 낙랑토성' 역시 비슷한 맥락에서 문제가 된다. 낙랑은 독립된 고대국가가 아니라 일개 군(郡)이었다. 아무리 중원제국의 군(郡)이 한국계 고대국가와 면적 면에서는 비슷할지 몰라도, 예법상 왕궁을 짓게 해주는 것은 원칙에 어긋나기 때문이다. 그렇기 때문에 이를 백제 같은 고대국가와 비교하는 것이 일단 확실한 비교대상이 되기 어려울 수 있다. 또한 지금 평양의 낙랑토성이 낙랑의 중심지였는지도 논란이 될 수 있다. 그러니 이 역시 확실한 비교대상에서 제외해야 할 것이다.

그러면 확실한 비교대상은 '경주 월성'만이 남는다. 경주 월성이 신라의 중심지였다는 점에 대해 군소리가 없으니 이것만큼 확실한 비교대상도 없다. 그러니 풍납토성이 경주 월성보다 규모가 크다는 점은 확실한 근거가 될 것 같다. 하지만 여기도 맹점이 있다. 앞서 왕궁과 왕성·도성 개념을 확실히 해놓아야 한다는 점을 공연히 강조한 것이 아니라는 점을 여기서 확인할 수 있는 것이다.

뒤집어 말하면, 바로 이런 장면에서 악용하기 위해 왕궁과 왕성을 애매하게 만들어 놓았다고까지 할 수 있다. 사실 제대로 비교를 하려면 풍납토성이 왕궁인지 왕성인지부터 분명하게 해놓아야 한다. 그렇지 않고 왕궁과 왕성을 비교하는 식이라면, 처음부터 비교대상을 엉터리로 설정해 놓은 꼴이 되어 버린다.

그렇기 때문에 우선 경주 월성이 왕궁인지 왕성인지부터 확실히 해놓을 필요가 있다. 이러한 측면에서 경주 월성은 왕궁 개념으로 보아야 한다는 점부터 분명히 해두자. 물론 경주 월성을 두고 왕성 개념이라고 우기는 경우도 없지 않다. 그러나 심각하게 고려해야 할 정도로 설득력을 가진 주장은 아니다.

이렇게 잘라 말할 수 있을 만큼 근거는 분명하다. 일단 월성 안에서 민가가 발견되었다는 말이 없다. 뿐만 아니라, 경주에서는 월성 밖에서 황룡사 같은 대형 사찰을 포함하여 잘 기획이 된 도로와 건물들이 발굴된 바 있다. 그리고 이 중에는 신라의 동궁(東宮)이라고 공인 받은 지금의 안압지(雁鴨池)도 포함된다. 쉽게 말해서 신라는 월성 밖에 동궁(東宮)을 지었다는 이야기다. 그러니 월성을 민가까지 포함된 왕성이라 하자면, 신라는 본궁 옆에 민가를 지어 놓고 정작 본궁과 붙어 있어야 하는 동궁은 성 밖에 지어 놓는 짓을 했다고 우겨야 한다.

이런 상식 밖의 주장보다는, 납득하기 쉬운 해석이 있다. 이른바 '삼국통일' 이후 초기의 월성 면적으로 왕궁에서 필요한 시설을 다 만들기 곤란해져서 동궁을 밖에다가 지어 놓았다고 보는 것이다. 이는 신라가 초기부터 월성과 별개인 금성, 명활성 등을 지어 운영했던 점과도 연결된다. 이래서 경주 월성은 왕궁이라고 보아야 한다.

그러니 경주 월성과 비교하려면 풍납토성도 왕궁이라고 볼 수밖에 없다. 실제로 권오영은 풍납토성을 일본의 후지와라쿄(藤原京)·헤이조쿄(平城京)와 비교한 점을 비판하면서, "후지와라쿄·헤이조쿄는 왕성·왕궁이 아니라 궁궐, 관청, 사원, 귀족의 주거구역을 모두 포함한 경(京)으로서 도시에 해당된다. 굳이 비교하자면 사비기의 사비도성, 경주 왕경, 고구려 최후의 평양성이 비교대상이다"라고 했다. 풍납토성을 필자 개념의 '왕궁'으로 본다는 점을 분명히 한 셈이다.

물론 풍납토성을 왕궁으로 보는 것이야 자기 자유라고 할지 모르겠지만, 이러면 앞서 보여드렸던 문제에 걸린다. 왕궁 안에 왕궁급 건물은 하나도 발견되지 않고 오두막만 발견되었다는 문제 말이다. 뿐만 아니라 왕궁인 풍납토성 주변에서 관청과 사찰·민가 등이 발견되어야 한다. 물론 이런 것이 발견되었다는 말은 없다.

풍납토성을 왕궁이라 주장하던 왕성이라 주장하던 이런 문제는 기본적으로 해결해 놓아야 한다. 뒤집어 말해서 이런 문제가 해결되지 않으니까, 풍납토성을 왕궁이라고 확실하게 말하지 못하고 있는 상태라는 점을 앞서 보여드렸다. 왕궁과 왕성을 애매하게 만들어 놓고 이런 식으로 자기 논리에 편리한 대로 비교하는 것이다. 이렇게 보면 일단 몽촌토성, 경주 월성, 대구 달성, 청도의 이서국성, 평양의 낙랑토성의 규모를 풍납토성과 비교하는 것은 눈속임에 불과하다.

풍납토성의 규모를 키워 보려는 애처로운 노력들

물론 권오영은 이외에도 고구려의 국내성도 비교대상으로 놓았다. 별다른 문제가 없는 고구려의 왕성인 국내성이라면 이 역시 확실한 비교대상이 될 수는 있다. 그래서 권오영은 "고구려의 왕성인 국내성도 둘레가 2,686m에 불과하다"라며 풍납토성의 규모가 고구려 왕성과 비교해서도 적지 않다는 점을 강조했다.

다른 것은 몰라도 고구려 왕성인 국내성과 비교해서 규모가 적지 않다면 확실한 근거가 될 것 같다. 하지만 이 역시 내막을 알고 보면 눈속임에 불과하다. 우선 "고구려의 왕성인 국내성도 둘레가 2,686m에 불과하다"라는 근거부터가 황당하다. 필자가 아는 한 고구려 초기 왕성인 국내성은 현재의 집안시가 깔고 앉아 있어서 제대로 발굴된 적이 없다. 최근 이곳을 방문했던 지인으로부터도 중국정부가 일부 지역을 발굴한 경우는 있지만 전체 왕성 윤곽을 확인할 만큼의 발굴을 하지 않았다는 이야기를 들었다. 그럴 만큼 국내성의 성벽도 현재 극히 일부밖에 남아 있지 않아 전체 윤곽을 파악하기 어렵다. 따라서 국내성 전체의 정확한 면적이나 성벽의 길이를 확실하게 계산해 내기 곤란한 상태다. 그럼에도 불구하고 권오영이 도대체 무슨 재주로 국내성 둘레를 정확하게 계산해 냈는지 모를 일이다.

그런데 확실하지 않은 국내성보다 좀 더 분명한 근거가 남아 있다. 평지에 있던 국내성과 세트성을 이루고 있는 근처 환도산성은, 유적이 보다 분명하게 남아 있는 상태다. 강찬석 선생의 조사에 따르면, 환도산성에 남아 있는 왕궁터만 해도 11만 평이다. 그리고 앞서도 언급한 바 있는 안학궁 역시 비슷한 면적이다. 풍납토성을 왕궁이라고 우기기 곤란한 바에야, 왕성이 고구려나 신라의 왕궁보다 약간 더 큰 상태라고 밖에 할 수 없다. 그러니 풍납토성의 규모가 크다는 식으로 몰아갈 수는 없는 상태라는 이야기다. 그러고 보면 국내성과 비교한 것 역시 눈속임 차원에서 벗어나는 것이 아니다.

이렇게 해놓고 찜찜했는지, 강찬석 선생이 풍납토성을 후지와라쿄·헤이조쿄와 비교했던 사실을 물고 늘어졌다. 후지와라쿄는 694년에, 헤이조쿄는 710년에 지어졌으니 475년 이전에 지어진 풍납토성과 비교한 것이 "방법론적으로 완전 오류"라는 것이다. 그런데 이것은 앞서 김낙중이 써먹은 바 있는 이중 잣대를 그대로 되풀이하고 있는 것에 지나지 않는다.

풍납토성이 언제 지어졌건, 이게 한성백제왕성이라면 475년까지 규모나 기술적인 면에서 현재 남아 있는 상황에서 벗어나지 않는다는 뜻이다. 그러면 시간적으로 후지와라쿄·헤이조쿄와 200년 약간 넘는 차이가 난다. 그런데 풍납토성보다 몇 백 년 앞서 지어진 중원제국의 왕성 중에는, 풍납토성은 물론이고 후지와라쿄·헤이조쿄를 능가하는 것도 있다. 동아시아의 국가발전 단계가 그만큼 달랐다는 이야기고, 일본은 국가 발전 단계에 있어서 한반도보다 빠르지 않았다는 것이 정상적인 평가다.

그러니 산업혁명 이후처럼 문명 발전이 빠르지 않던 당시에, 200년 정도 뒤의 일본 왕성을 비교대상으로 삼은 것이 이렇게 난리 칠 만한 오류라고 할 필요가 없다. 앞서도 언급했듯이, 백제보다 몇 백 년이나 앞섰던 중원의 왕성과 비교하면 백제왕성이 이렇게 형편없는 규모라는 점이 오히려 이상해야 할 판이니까. 이것이 명백한 이중 잣대라는 점은 앞서도 언급했으니, 여기서는 일단 생략하기로 한다. 어쨌던 권오영 역시 김낙중처럼 이중 잣대를 들이대서 필자와 강찬석 선생을 매도했다는 점만 확인해 두고자 한다. 굳이 풍납토성을 일본 왕성과 비교하려면 야마타이국의 히미코 시대와 비교해야 한다는 점 역시 김낙중 논리의 반복일 뿐이니, 마찬가지다. 이렇게 보면 '풍납토성의 규모가 크니 왕성'이라는 논리는 치졸한 눈속임에 불과하다는 점을 확인할 수 있을 것이다.

그리고 풍납토성의 규모를 조금이라도 부풀려 보려는 노력은 애처롭기까지 하다. 성벽의 넓이까지 포함시켜 20만 평 이상으로 면적을 키워 보려는 것부터가 그런 노력의 하나다. 나중에 이 분야를 연구하다가, 이들이 부풀린 수치를 아무 생각 없이 인용하다가 문제가 생길 수 있으니, 여기에 한 가지를 더 짚고 넘어가고자 한다.

그게 바로 풍납토성 성벽의 최고 높이다. 권오영 등은 최고 높이를 12m라고 소개하는 경향이 있으나, 실질적으로는 8m로 보는 편이 좀 더 설득력을 가질 것 같다. 사실 현재 측정된 최고 높이는 8m다. 그런데 왜 12m라고 소개할까? 이는 풍납토성 성벽의 모양을 보고 추측해 낸 수치다.

물론 측정된 수치가 아닌 추정치를 가지고 풍납토성 성벽의 최고 높이를 추산해 낸 이유는 있다. 바로 성벽의 모양 때문이다. 발굴을 통해 복원한 풍납토성 성벽의 모양은 철(凸)자 모양으로 되어 있다. 이 모양을, 성벽 위쪽이 무너지고 남은 모양으로 간주해서 계산한 결과가 12m인 것이다.

요철 모양의 흔적이 남아 있는 풍납토성 성벽

그런데 강찬석 선생의 설명에 의하면 철(凸)자 모양의 수평면에 목책을 박은 흔적이 발견되었다고 한다. 그러니까 사실 현재 모양은 성벽이 무너지고 남은 형태가 아니라 원래 형태였다는 이야기가 된다. 즉 성벽을 철(凸)자 모양으로 쌓은 다음 목책으로 성벽을 보강하는 형태였다는 이야기다. 사실 무너진 형태가 직각에 가까운 철(凸)자 모양으로 남을 가능성은 희박할 것이다. 그래서 풍납토성의 최고 높이는 현재 상태인 8m로 보는 편이 더 타당성을 가진다고 본다. 성벽 최고 높이가 12m냐 8m냐가 그렇게 중요한 근거는 아니지만, 이렇게 해서라도 풍납토성의 규모를 키워 보려는 노력이 애처로워 보여(?) 덧붙여 두었다.

풍납토성의 특별한 유구가 왕성의 증거?

풍납토성의 규모를 가지고 왕성임을 증명한다는 것은 눈속임에 불과하겠지만, 규모가 작더라도 왕성이었음을 증명하는 유적이 나왔다면 이는 충분한 증거가 될 수 있다. 이를 의식해서였는지, 권오영은 풍납토성에서 특별한 유구가 나온 것처럼 몰아갔다. 그래서 절 제목이 '특수 유구의 존재'다.

그런데 제목을 이렇게 잡아도 될 만큼 풍납토성에서 왕성이 아니면 나오지 않을 특별한 유구가 나온 것일까? 권오영은 그런 것처럼 몰아갔다. 절의 맨 앞줄부터 "풍납토성 내부에서는 일반적인 백제 취락에서 좀처럼 보기 어려운 특별한 기능을 지닌 시설물이 많이 발견되었다"라고 시작했던 것이다. 이러한 시설물의 존재가 "풍납토성 내부에서 이루어지던 행위가 일상적인 거주와 생산활동 이외에 복잡하고 특수한 성격을 내포하고 있었음을 보여 준다"라고 잘라 말했다.

그러면 그 근거가 무엇일까? 첫 번째가 '경당 44호'라고 부르는 건물터다. 권오영은 이 건물 터에 대한 설명을 장황하게 나열해 놓은 다음, 이 건물이 "일상적인 주거용일 가능성은 낮다"라고 결론지었다. 이 점만 강조하면, 많은 사람들이 일상적인 백성의 집과 다른 왕성급 건물이라고 생각하기 십상이다. 사실 그렇게 유도하려는 생각이 아니었다면, 굳이 풍납토성이 한성백제왕성임을 증명하려는 학술 세미나 발표문에서 이런 내용을 넣을 필요도 없었을 것이다.

그런데 내용을 살펴보면 그게 그런 게 아니다. 권오영이 자신의 손으로 소개한 내용 중에는 이 건물 터 "내부에서 점토 덩어리와 목탄이 발견되었고, 일부 벽체에서는 식물흔도 확인되었다. 기와가 전혀 발견되지 않은 점을 감안할 때 기와지붕도 아니었을" 것이라 한다. 이렇게 기와조차 올리지 못한 건물이 왕성 안에서만 발견될 '왕궁급' 건물일까? 물론 이런 건물도 '일상적인 주거용'은 아니다. 하지만 그렇다고 해서 왕성에서만 발견되는 건물이라 할 수도 없다. 그러니 교묘한 말장난이라는 이야기다.

앞서도 강조했듯이, 풍납토성에 대한 논란을 규명하겠다는 맥락에서 '특별한 유구'라고 한 것이라면 당연히 왕성에서만 나올 유구에 대한 이야기가 되어야 한다. 이런 상황에서 "일상적인 주거용일 가능성은 낮다"라고 하여 마치 왕성에서만 발견될 유구처럼 눈속임을 해놓은 다음, 별로 신경 써서 읽지 않는 내용 중간에 알고 보면 왕궁급 건물도 아니라는 내용을 슬쩍 밝혀 놓은 셈이다. 결국 풍납토성이 왕성임을 증명하는 데에는 하등 도움도 되지 않을 유구를 대충 던져 놓고 왕성에서만 나올 유구인 것처럼 몰아갔다는 이야기다. 이런 것이 바로 사람을 우롱하는 전형적 수법이다.

이쯤에서 풍납토성 안에서 자꾸 왕궁급 아닌 건물이 나온다는 점을 스스로 확인해 주고 있다는 것을 지적해 놓고 넘어가자. 풍납토성의 실체가 '왕궁'인지 '왕성'인지 거의 고의적으로 헛갈리게 만들고 있지만, 이렇게 풍납토성 안에서 왕궁급 아닌 건물이 잔뜩 나온다는 점의 의미는 분명하다. 풍납토성을 한성백제왕성과 연결시키려면, 더 이상 풍납토성 자체가 '왕궁'이라고 몰아갈 수는 없게 되었다는 점이다.

어쨌든 바로 뒤에 추가해 놓은 '추정 어정(御井)'은 더 황당하다. 제목 자체에 '추정'이라는 말을 넣어 놓은 것만 해도 최소한의 양심이 간질거렸음을 짐작할 수 있듯이, 이는 그저 '어정(御井)'으로 추정하고 싶다는 희망을 표현한 것 이상이 아니다. 그리고 이 역시 우물에 대한 설명을 간단하게 나열하고 나서 권오영이 붙여 둔 근거라고는, "상부구조의 존재 가능성, 고급 토기의 다량 매납, 토기의 풍부한 장식성 등을 고려할 때 식수나 용수를 얻기 위한 일상적인 우물이 아니라 특수한 기능을 지닌 우물로 판단된다"라는 문장 하나뿐이다.

그런데 왕성이 아니면 고급 토기를 전혀 안 쓰고, 토기에 장식도 없어야 할까? 변방의 성이라 해도 귀족 하나는 살면서 이 지역에 대한 관리는 하기 마련이다. 그런 귀족들이 고급 토기를 쓰는 것도 이상한 일이 아니다. 즉 왕성이 아니라도 고급 토기 같은 것은 얼마든지 나올 수 있다는 이야기다. 상부 구조라는 것도 밑도 끝도 없이 '존재 가능성'을 제시했을 뿐이니 근거랄 것도 없겠다. 이렇게 보면 추정이라는 말에 걸맞게 이것이 어정(御井)'이라 추정이라도 해볼 만큼의 근거를 제시한 것도 없는 셈이다.

여기에 한 가지 덧붙여 보자. 권오영이 '추정 어정(御井)'이라고 소개했던 바로 이것이, 몇 년 전 목탑터가 발견되었다고 대대적으로 홍보했던 바로 그 유구인 것이다. 발견될 당시에는 아무 근거도 없이 당시 한성백제왕성이라면 당연히 있어야 할 목탑의 터로 몰아놓고서, 나중에 그것이 아니라 '버려진 우물터'라는 사실이 밝혀졌던 바로 그 유구 말이다. 이 자체가 풍납토성을 한성백제왕성으로 만들어 내려고 얼마나 무리하게 되지도 않는 근거와 논리를 갖다 붙였는지를 보여 주는 사례라 할 수 있다. 그런데 권오영 같은 교수 분께서는 바로 이런 아픈 과거조차 비슷한 수법으로 재활용하고 싶어 한다.

풍납토성에서 초석 나왔다!

여기까지 자행된 눈속임만 해도 권오영 교수를 과연 학자라고 불러도 될 것인지 의심스러울 정도다. 그러나 뒤에 추가되는 근거는, 내막을 알면 더욱 경악할 만한 사정이 있는 것들이다. 그중 미래마을에서

풍납토성 내부 건물지 유구

발견되었다는 초석과 적심을 갖춘 건물이 하이라이트라 할 수 있다. 권오영은 풍납동 미래마을에서 발견된 '고상식 무기단 초석 건물지'를 두고 "적심과 초석이 기둥을 받치고 주거 상면을 지상에 존재하는 형태로서 공주 공산성 내 추정 왕궁지 내 제1, 제2 건물지, 부여 관북리와 궁남지에서도 확인된다"라고 했다.

사실 이는 《잃어버린 백제 첫 도읍지》에서 왕성이라면 당연히 나와야 할 "대형 초석이 발견되지 않았다"라는 비판을 하자, 이에 대한 반증으로 내놓은 셈이다. 그리고 이 보도를 본 많은 사람들은, '이제 없다고 타박하던 초석까지 나왔으니 왕성임이 입증된 것'이라고 생각하기 십상이다. 여기 관련되어 있는 언론 보도 내용부터 보자.

문화재청 국립문화재연구소(소장 김영원)는 백제의 도성유적으로 알려진 풍납토성(사적 제11호)에 대한 제7차 발굴조사를 실시하여 한성백제시대(漢城百濟時代) (B.C.18~A.D.475) 건물지 4동 등 총 100여 기의 유구를 확인했다.

특히, 올해 처음 조사된 적심시설 및 초석 건물지는 그동안 풍납토성에서 확인되었던 수혈 주거지와는 구조적으로 큰 차이가 있어 당시 풍납토성이 백제 초기의 왕성이었다는 사실을 증명하는 계기가 될 것으로 전망된다.

적심시설은 너비 1.8m, 깊이 0.5m로 흙을 파내고, 그 공간에 흙과 강자갈들을 섞어 채워 넣고 윗부분을 황색점토로 단단히 다져 만들었다. 지상에 세워진 적심시설 건물에서는 일상생활과 관련된 시설이 확인되지 않고, 규모가 대형인 점으로 미루어 기원후 4~5세기경에 만들어진 관청이나 종교시설이었을 것으로 추정된다.

이처럼 비슷한 시기에 강자갈을 사용한 적심시설 건물은 고구려의 환도산성과 국내성 내부에서도 확인된 적이 있어 고대 건축기술 연구에 중요한 자료로서 평가되고 있다.

2010년 10월경 보도되었던 이 내용은 "풍납토성 내부에서 왕궁 혹은 그 부속건물이 있었음을 입증하는 적심시설(積心施設)과 초석 건물지가 발견되었다"라는 정도로 요약할 수 있다. 언론에 보도된 이 내용만 보면, 풍납토성 내부에서 일상적인 주거지가 아닌 초석과 적심을 갖춘 대형 건물이 발견되었다고 믿게 된다. 이런 내용이 언론을 탔으

크기가 50cm에 불과한 건물지 초석 노출 상태

니, 이 건물 터가 왕성의 근거라고 생각하게 된다는 것이다.

그런데 이것도 내막을 알고 보면 황당하다. 돌아가신 공저자 강찬석 선생께서 발표가 되자마자 확인한 바 있다. 초석의 크기부터가 50cm 정도에 불과했고, 그것도 딸랑 한두 개밖에 나오지 않았다. 이는 우리가 주장했던 왕궁급 건물의 초석과 거리가 멀다. 즉 왕성이라면 m 단위의 대형 초석이 대량으로 나와야 한다는 것이지, 50cm짜리 초석 하나 나왔다고 '왕성의 증거를 찾았다'는 식으로 몰아갈 상황이 아니라는 이야기다.

더욱이 적심시설이라는 것 자체가 왕궁급 건물에 적합한 건축 기술이라고 할 수 없다고 한다. 언론 기사에서는 적심시설(積心施設)을 두고 "건물의 기둥을 받치기 위해 초석(礎石)을 지면에 놓게 되는데, 무거운 상부구조물로 인해 지면이 침하되는 것을 방지하기 위해 초석

건물지 적심시설 자갈 유적

아래쪽에 되파기한 후 자갈 등을 채워 넣는 시설"이라고 친절하게 해석을 붙여 놓았다. 이는 구덩이를 파고 기둥을 묻는 '굴립식'과 비슷한데, 단지 구덩이 안에 돌을 깔아놓은 방식이라는 점이 다르다 할 수 있다.

그런데 문제는 여기 깔아놓은 돌이다. 건축학적 은어로 '콩자갈'이라고 표현되는 작은 자갈이기 때문이라 한다. 이것은 작은 자갈들이 구덩이 안에 깔리는 형태이기 때문에, 거대한 초석 하나로 기둥을 받치는 것에 비해 안정감이 심히 떨어진다. 그렇기 때문에 1~2m 에 달하는 거대 기둥의 초석으로 쓰이는 형태가 아니라는 것이다. 강찬석 선생은 앞의 언론 보도가 나온 지 얼마 되지 않아, 이런 점을 하남시에서 조촐하게 열렸던 학술발표를 통해 알려 주었다.

건물지 적심시설 단면 토층 상태

이것이 무슨 뜻일까? 적심과 초석을 갖춘 건물이 지금까지 풍납토성에서 발견된 건물 중에서는 가장 발달된 형태라고 할 수는 있을지 모르겠지만, 이 자체가 정비된 고대국가의 왕궁급 건물은 아니라는 이야기다. 그런데도 권오영은 이런 내막을 그냥 무시해 버리고, 그저 '초석이 나왔으니 왕성임을 증명하는 유구가 나온 것'이라는 식으로 몰아간 것이다.

수혈식 거주지는 원시적이 아니다!

이런 눈속임으로는 찜찜함을 가셔 내기 어려웠는지, 권오영은 몇 가지를 더 추가해 놓았다. 그중 하나가 '초대형 수혈건물'이라는 것이다.

그런데 이를 근거로 내세우면서 나름대로 반론이라고 하는 것까지 내놓았다. "풍납토성은 왕성이 아니라는 근거 중 하나가 수혈 주거지의 존재"인데, "이는 선사시대 이후 중세에 이르는 가옥 구조의 실상에 대한 몰이해에서 비롯된 오해"라는 것이다.

이렇게 오해라고 보는 근거는 "관청이나 사원 등의 특수한 건물이 아닌 경우 고려와 조선시대에도 주거지의 많은 경우가 수혈의 흔적으로 발견"되기 때문이란다. 수혈 주거지를 움집이라고 그 이미지는 원시적이고 보잘 것 없는 구조를 연상시키지만, 실상은 이와 다르다 했다. 가옥의 바닥이 지하에 위치할 뿐 벽체와 천장은 신석기 시대나 청동기 시대의 선사 주거지와는 달리 많은 발전을 이루었다. 특히 "벽주(대벽) 건물이라 불리는 건물 형태는 이미 한성기에 출현하여 웅진·사비기로 이어지고 일본에도 전래 된다"라는 것이다. 그래서 최근 일본 고고학계에서는 '그릇된 이미지를 교정하기 위해' 수혈 주거지는 수혈 건물로 바꿔 부른다는 말도 덧붙였다.

그에 걸맞게 이런 건물이 대형이라는 이야기도 했다. 이것같이 100평(338㎡) 넘는 건물은 한성기 주거지 중 유일한 것이며, 100㎡ 이상되면 대형인데, 150㎡ 이상은 연천 강내리·충주 탑평리·평창 천포리·포천 자작리 등 극소수에 불과하다는 것이다. 그러니 수혈 거주지라 해도 이 정도 대형이면 압도적인 규모라는 뜻이다. 이렇게 큰 건물이 기술적으로도 수준급임을 강조하기 위해 "넓은 면적에 어울릴 정도의 튼튼한 벽체가 필요한데, 내부에서 발견된 수많은 돌은 벽체로 판단된다"라는 점을 강조했다.

쉽게 말해서 고려와 조선시대에도 수혈 주거지가 발견되고 이런 건물이 그렇게 원시적인 형태도 아닌데, 마치 한성백제왕성에서 나오지 못할 것으로 몰아갔다는 논리가 되겠다. 이 역시 내막을 모르면, 명색이 건축학자인 강찬석 선생이 수혈 건물에 대해 잘 알지도 못하면서 한성백제왕성에서 나올 수 없는 건물인 것처럼 몰아갔다고 인식하기 십상이겠다.

그런데 이 역시 문제를 제기했던 내용과는 뉘앙스부터가 다르다. 이 내용을 언급했던 《잃어버린 백제 첫 도읍지》에서 강조했던 점은 풍납토성에서 "왕과 관련된 건물 흔적이 보이지 않는다"라는 것이었다. 즉 풍납토성 자체가 왕궁이든 왕성이든 왕과 관련된 건물이 나와야 하는데 그것이 없다는 뜻이었던 것이지, 수혈 건물 자체가 원시적이냐 아니냐가 핵심이 아니었다. 확인을 위해 해당 내용을 다시 인용해 보자.

> 이 건물은 동서 16.4m 남북 21m에 달하고 있으니, 일단 규모는 작지 않다. 그래서 각 언론 보도에는 현존 한성기 최대의 백제 수혈 건물지라고 소개되어 있다. 상당한 규모의 궁전 구역 내지 제사터, 창고 등이라고 추정하고 있는 것이다. 언론에서 사비시대 백제 궁궐터와 비슷하다는 식으로 보도한 것도 이 규모를 주목한 것이라 할 수 있다. 그런데 이 건물의 정체와는 상관없이 여기서는 아예 기둥 흔적 자체가 발견되지 않았다. 이 건물 터는 평면 육각형 형태로 구덩이를 판 뒤, 벽 가장자리를 따라 너비 1m 남짓 되는 도랑을 팠다. 그 다음 도랑의 안쪽과 바깥쪽 벽에 강돌과 점토로 벽을 쌓아 올렸다. 이 건물은 기둥 없이 벽 자체가 건물의

무게를 받는 형식으로 되어 있다.

이 역시 왕과 관련된 건물 흔적이라고 보기에는 너무 원시적이다. 그렇게 보면 지금까지 풍납토성에서 발견된 건물의 흔적 중, 왕궁과 연결시킬 만큼 발달된 형태의 건물 흔적은 없는 셈이다. 풍납토성이 왕궁이었다면 이렇게까지 왕궁과 관련된 건물 터가 나오지 않을 리가 없는 것이다. 그런데도 이러한 건물 터를 두고 "도읍지가 아니고서는 나올 수 없는 것"이라 하며 풍납토성을 왕성이라고 우기고 있다.

내용을 잘 읽어 보았으면 그리 이해하기 어렵지 않을 것이다. 인용된 부분만 보아도, 여기서 강조한 부분이 '정상적인 고대국가 왕성급 건물이 나오지 않았다'는 취지일 뿐, 수혈식 거주지의 기술 수준을 따지자는 뜻이 아님을 알아보기 어렵지 않을 것이다. 그럼에도 불구하고, 서울대 교수라는 사람이 길지도 않은 이 내용을 이렇게까지 곡해할 수준이라는 사실이 의아할 뿐이다. 이 내용을 확인하고 보면 건물이 크다는 것도 별 의미가 없다. 크기가 문제가 아니라 기술 수준이 왕궁에 들어서 있던 건물이라고 하기에는 무리가 있다는 의미인 것이다.

권오영도 이를 의식했던 흔적이 있다. 풍납토성 자체가 왕궁인 것처럼 몰아가기 위해 명백한 왕궁 개념인 경주 월성과 비교하면서도, 그 내부에 왕궁급 건물이라고 하기에는 곤란한 건물들만 발견되었다는 사실을 의식했다는 말이다. 그렇지 않고서야 이 수혈 주거지를 하필 왕성과 별 상관이 없는 연천 강내리·충주 탑평리·평창 천포리·포천 자작리 등의 지역 건물과 비교대상으로 삼을 리가 없을 것이다. 그리고 뒤집어 말하면 이런 곳에서도 비슷한 수혈식 건물이 나온다는 자체가, 수혈식 건물이 왕성에서만 나오는 것이 아니라는 이야기가 된다.

쉽게 말해서 권오영은 여기서도 눈속임을 시도한 것이다. 풍납토성이 왕궁이든 왕성이든, 왕궁급 수준의 건물이 나와야 확인된다는 점은 너무나 당연하다. 그럼에도 불구하고 이런 주장을 마치 수혈식 거주지의 기술 수준에 대한 언급인 것처럼 왜곡해 놓고는, 풍납토성이 왕성이라는 근거이자 반론이 되는 것처럼 몰아갔다는 이야기다. 대한민국 엘리트 층에 가장 많이 진출하고 있는 서울대학 학생들이, 수십 조의 발굴사업비가 걸려 있는 한성백제왕성 시비 같은 중요한 문제를 두고 이런 왜곡을 일삼는 사람의 논리를 배우고 있는 셈이다.

재활용되는 폐기장과 도로

여기에 추가되는 근거들도 그야말로 재활용품들이다. 우선 미래마을에서 발견된 도로 유적은 앞서도 언급한 바 있다. 그런데도 권오영은 이를 두고 충북대학의 석사논문을 인용하면서, "최근 백제의 도로 유적이 곳곳에서 발견되면서 구조와 기능에 대한 깊은 논의가 진행되고 있음"을 강조했다. 그러면서 "한성기 도로 중에 잔자갈로 노면을 포장한 도로는 오로지 풍납토성과 몽촌토성에서만 발견되고 있다"는 점이 주목된다고 하였다. 그리고 "성 내부에서 발견되는 도로의 존재는 수레의 운행을 전제로 하며 수레는 화물 운송용·탑승용 등을 고려할 수 있다"라며 뻔한 소리를 덧붙여 놓았다. 이는 "도로를 통해 성 내부가 구획되며 구역별로 다른 형태의 활동이 이루어졌을 것"이라는 말을 하기 위해서다.

그렇지만 이 역시 철지난 논리를 말만 바꾸어 재활용한 데에 불과하다. 우선 "한성기 도로 중에 잔자갈로 노면의 포장한 도로는 오로지 풍납토성과 몽촌토성에서만 발견되고 있다"라는 점부터 재활용이다. 앞서도 말했듯이, 대한민국 영토 안에서 왕경으로 가장 확실한 경주 지역에서조차 도로 유적이 주목된 시기는 1990년대 이후다. 다시 한 번 강조하지만, 이는 도로 유적 자체는 물론 이에 대한 연구가 아직 축적되지 않았고 당연히 그에 대한 자료도 별로 없다는 뜻이다. 그런데도 이런 도로가 마치 "풍납토성과 몽촌토성에서만" 발견되었으니 이들이 왕성이라는 식으로 몰아간 것이다.

그리고 "도로를 통해 성 내부가 구획되며 구역별로 다른 형태의 활동이 이루어졌을 것"이라는 말도 내막을 알고 보면 가관이다. 일단 풍납토성과 몽촌토성을 왕성으로 몰아가려는 동료들의 분석은 물론, 도로 위치와 관련된 상황과도 맞지 않는다.

우선 동료들의 분석부터 보자. 앞서도 살펴보았듯이 "한성백제는 도시계획을 할 능력이 있던 나라가 아니었다"라는 것이 신희권이나 김기섭의 주장이다. 이렇게 보면 권오영은 이들과 달리 "한성백제는 도시계획을 할 능력이 있었다"라고 주장한 셈이다. 그러면 이렇게 풍납토성과 몽촌토성을 나름대로 분석하고 결론을 낸 동료들에 비해 권오영이 무슨 특별한 근거를 가지고 이런 주장을 했을까?

그게 그렇지가 않을 것이다. 신희권이나 김기섭이 공연히 한성백제의 위상을 깎아내리면서까지 "한성백제는 도시계획을 할 능력이 없었다"라는 결론을 낸 것이 아니기 때문이다. 앞서 여러 가지로 보여드렸듯이, 풍납토성에서는 제대로 된 도시 구획이 발견되지 않았다. 그래서 김기섭 등은 사비시대까지도 백제가 도시계획을 할 능력이 없었던 것으로 몰아가기까지 했었다.

풍납토성과 몽촌토성에 기본적인 관심이라도 가진 사람이라면, 대부분은 여기서 기획된 도시가 발견되지 않았다는 점을 안다. 강찬석 선생 역시 《잃어버린 백제 첫 도읍지》에서 풍납토성의 도로에는 방향성도 확실하지 않아 구획으로서의 역할을 하지 못하고 있다는 점을 지적한 바 있다. 더욱이 몽촌토성은 앞서 보여드렸듯이, 지형상 그런 것이 나타날 수조차 없다. 그런데도 권오영은 아무 근거도 제시하지 않고 마치 풍납토성에서 발견된 도로가 성 내부를 구획 짓는 도시계획의 역할을 한 것처럼 몰아간 것이다. 풍납토성과 몽촌토성에서 발견된 도로를 내세워 이들이 왕성이었다는 근거로 악용하는 수법은 동료들과 같지만, 재활용하는 수법은 참 그렇다.

이어지는 제사 관련 폐기장 역시 비슷한 맥락의 재활용일 뿐이다. 이른바 '경당 지구'라는 곳에서 발견되는 유물을 장황하게 소개해 놓았을 뿐, 이 유물들이 무엇 때문에 왕성의 근거가 되는지에 대해서는 별다른 설명이 없다. 있다고 해봐야, '제사 흔적'을 강조한 정도다. 풍납토성이 왕성이라는 말이 나올 때부터 반복되던 논리다. 물론 이런 논리에서는 "제사는 왕성에서만 지내느냐?"라는 평범한 의문에 대한 답

한성백제박물관 – 풍납토성에서 출토된 대부가 새겨진 토기

이 되지 않는다. 여기에 밑도 끝도 없이 백제 관직체제에 있지도 않은 '大夫(대부)'나 '우물 井(정)자'가 새겨진 토기가 나왔다는 점을 강조하는 것도 마찬가지 재활용일 뿐이다.

왕성을 판별해 주는 유물?

이렇게 눈속임으로 일관하던 권오영 교수께서 Ⅲ장에 해당하는 '풍납토성 출토 중요 유물의 의미'에서 모처럼 확실한 유물의 기준을 제시하셨다. 왕성이냐 아니냐를 판별해 주는 기준 중 첫째는 왕성임을 보여 주는 문자 자료, 둘째는 출토된 유물의 위상이 높을 경우, 셋째는 일상생활이 아니라 지배층, 국가, 왕실 차원에서 시행된 특수한 기능을 보여 주는 유물의 존재다.

그런데 풍납토성에서는 첫째에 해당되는 유물은 발견된 적 없으니, 가장 중요한 것부터 제시하는 것이 보통인 첫 번째 기준부터 쓸데없는 것을 제시한 셈이다. 그러니 두 번째 경우부터 문제가 된다. 그래서 권오영은 여기서부터 힘을 주었다. 우선 지방 취락에서는 좀처럼 보기 어렵다는 고급 토기와 기와의 존재부터 강조했다. 이러한 맥락에 따라 풍납토성에서 발견된 고급 토기와 기와에 대해 장황하게 늘어놓고는 "이들 토기를 사용한 사람들의 사회적 위계가 높았다"느니 "기와·와당의 존재를 기준으로 할 때, 백제의 일반 취락과 풍납토성의 격차는 매우 크다"느니 등등의 말을 하며 "그래서 이곳이 왕성"이라는 시사를 주려 애썼다.

하지만 여기에도 눈속임이 들어가 있다. 권오영 스스로 양심이 좀 간질거렸는지, 고급 토기, 기와, 수입품 등의 존재와 왕성 여부가 별개일 수 있는 가능성을 슬쩍 열어 놓았다. 그 내용은 이렇다. "최고급 기술로 제작된 물품이나 먼 외국에서 수입된 물품이 많이 출토된 경우 그곳이 정치적으로 중요한 지역임을 보여 준다"라고 하면서도 "다만 물류거점 지역일 가능성도 고려하여야 한다"라고 해놓은 것이다.

즉 자기가 제시한 유물들은, 꼭 왕성이 아니더라도 이런 물건들이 왕성 등으로 이동할 때 거쳐 가야 했던 '물류거점'에서도 나올 수 있다는 가능성을 눈치 채기 어려울 정도로 열어 놓았다는 이야기다. 그러니까 풍납토성이 왕성은 아니라 해도, 강변에 위치해 있는 물류거점이었기 때문에 자신이 제시한 유물들이 나올 가능성도 얼마든지 있다는 뜻이 된다.

그러면 기와 같은 것도 마찬가지다. 풍납토성을 왕성으로 몰고 가려는 측에서는 가급적 언급하려 하지 않고 있지만, 현재 풍납토성에서 발견되는 건물 터는 기와를 올리기 어려운 구조를 가지고 있다. 이를 극복하기 위해 육각형 집을, 무리하게 기와를 올린 희귀한 건물로 복원해 놓았다는 점을 앞서 보여드린 바도 있다.

그런데 풍납토성을 도성 변방의 물류거점이었다고 보면, 모순처럼 보이는 두 가지 요소를 합리적으로 해석할 수 있다. 이 내부에는 기와를 올릴 수 있는 건물이 없다 해도, 풍납토성이 다른 곳에서 구워 낸 기와가 거쳐 가는 물류거점이었기 때문에 기와가 출토된다는 해석 말이다. 사실 왕성이나 귀족들의 집에 쓰이기 위해 이곳에 모아 놓은 기와나 고급 토기 등의 유물이 급작스런 홍수 같은 재난을 맞아 대량의 기와가 매몰되었을 개연성은 충분하다.

그렇게 되어 기와뿐 아니라, 고급 토기나 외국에서 수입된 물건 등까지 매몰되어 보존되었을 가능성은 매우 높다. 이는 권오영 자신의 손으로 "이외에도 가야·고구려·왜에서 제작된 토기와 토제품이 발견되는 점은 주목되어야 한다"라고 써놓았던 점에서도 뒷받침된다. 그만큼 풍납토성이 물류거점이었기 때문에, 외국에서 만든 물건도 많이 발견될 수 있는 것이다. 이렇게 해석하는 편이, 되지도 않는 건물 구조에, 억지로 기와를 올려놓는 데에 비해 문제점이 적을 것이다. 그럼에도 불구하고 풍납토성을 왕성으로 만들기 위해, 지금까지 발견된 요소에 모순이 생기지 않게 해석할 가능성 자체를 덮어 버리는 것이 우리 사회 왕성 전문가를 자처하는 사람들의 행태다.

이렇게 권오영은 유적과 유물의 위상을 통해 풍납토성이 왕성임을 증명할 것처럼 해놓고, 실제로는 별 증거가 되지도 않는 것들을 장황하게 나열해 놓으면서 근거로 삼는 눈속임으로 일관했다. 그런데 이러다가 재미있는 문장 하나로 반전의 묘미를 보여 주었다. "풍납토성 내에서 명백한 왕궁 건물이 발견되지 않았다고 하지만 그러한 현상은 고구려 국내성, 공주 공산성, 부여 관북리와 부소산성, 김해의 봉황동, 고령의 전(傳) 왕궁터 모두 비슷한 처지이다"라고 한 것이다. 이 문장만 보면 '왕성임이 확실한 곳에서도 왕궁급 건물이 발견되지 않을 수 있다'고 생각하게 된다.

하지만 여기에도 눈속임이 있다. 여기서 왕궁급 건물이라고 하면, 꼭 왕궁 건물뿐 아니라 주변에 들어서 있는 대형 사찰이나 탑 등의 건물 터도 포함된다는 사실이다. 그런 점을 알고 보면 이야기가 많이 달라진다. 예를 들어 부여에서도 왕궁은 발견되지 않았다. 하지만 여기서는 백제를 멸망시킨 당의 장군 소정방이 새겼다는 '대당평백제국비명(大唐平百濟國碑銘)'이 새겨진 정림사(定林寺) 탑과 함께 정림사라는 대형 사찰의 실체가 확인되었다. 그러니 백제 사비성의 세트성으로 존재했던 부소산성 자체에서 꼭 백제 때 왕궁급 건물이 발견되지 않아도, 어차피 세트로 지어진 왕성의 존재를 의심하지 않게 되는 것이다. 국내성 역시 세트성인 환도산성에서 왕궁이 발견되었으니, 제대로 발굴되지 않은 현재 중국 집안시에서 왕궁이 나오지 않았다고 국내성의 존재를 의심하지 않는다는 이야기다.

심지어 왕성임이 확실한 현재의 경주에서도 왕궁은 발견되지 않았다고 할 수도 있다. 그러나 이 역시 황룡사·분황사 터를 비롯하여, 경주 지역 안에서 신라 왕성에만 있었다는 여러 유적이 발견되었다는 사실을 감안하면 별 문제가 안 된다. 고대국가 왕성과 별 상관도 없을 김해의 봉황동, 고령의 전(傳) 왕궁터를 갖다 붙여 놓은 것이야, 자기 주장에 도움된다면 아무거나 비교대상으로 삼는 버릇이 나온 것 이상도 이하도 아닐 것이고.

이런 점을 알고 보면 "명백한 왕성에서도 왕궁급 건물이 발견되지 않을 수 있다"라는 논리도 눈속임에 불과하다. 오히려 이런 언사를 내놓았다는 점 자체가 그만큼 풍납토성이 왕성임을 보여 주는 근거가 없다는 점을 반대로 증명하는 꼴이 될 수 있다. 사실 풍납토성 주변에서 다른 곳만큼의 왕궁급 건물 터가 하나라도 발견되었다면, 굳이 이런 말을 덧붙일 필요가 없었을 것이기 때문이다. 공연히 "도둑이 제발 저린다"라는 속담처럼 찜찜해서 붙여 놓은 문장 하나가 반전 가능성을 비추어 버린 꼴이라 하겠다. 이렇게 해놓고도 "오히려 풍납토성은 다른 여타 왕성, 왕궁보다 많은 증거와 자료를 가지고 있다"라고 발표문의 결론을 마무리 지었다.

그러고 보면 여기서 살펴본 내용에는 서글프다 못해 섬뜩한 면도 있는 것 같다. 이렇게 치졸한 눈속임으로 남을 매도하시는 분이 대한민국 최고 대학이라고 꼽히는 서울대학교 사학과의 교수라는 점이다. 이러니 대한민국 최고 대학이라고 일컫는 서울대학의 학생들이 뭘 보고 배울까? 우리 사회 엘리트 집단들이 '진실은 자기들이 만들어 낸 것'

이라는 식으로 온갖 조작을 일삼는 행각이 여러 곳에서 드러나고 있다. 이런 현실이 우리 사회 엘리트에 대한 교육과 관계없지 않을 것이라 본다면 지나친 것일까?

6장
파렴치한 언론

근거에는 관심 없다, 권위 팔면 그만일 뿐

현대 민주주의 체제의 원칙 중 3권 분립이 있다. 국민에게 결정적인 영향을 줄 행정·입법·사법이라는 세 가지 권력을 개인이나 한 집단이 독점하지 못하게 하여 서로 견제시키도록 하자는 발상이다. 그런데 이 3권에 하나를 더 보내 제4의 권력으로 지목되는 분야가 있다. 바로 언론이다. 겉으로만 보기에는 언론이라는 것이 그저 말로만 떠드는 것 같지만, 많은 사람들이 언론을 통해 정보를 얻는 현실에서는 언론인들이 말하는 내용을 아무 비판 없이 수용하게 되는 경향이 있다. 많은 사람들이 그렇게 주입된 정보를 기반으로 내린 판단에 따라 행동하게 되니 영향이 적을 수 없다. 그래서 언론을 두고 제4의 권력이라는 말까지 나오는 것이다.

그만큼 어떤 문제이든 언론에서 유도하는 방향이, 그 문제에 대한 대중의 판단을 좌우할 수 있다는 뜻이다. 한성백제왕성에 대한 시비도 마찬가지다. 내막을 제대로 모르는 대중으로서는, 전문기자임을 자처하는 사람의 소개 기사에 결정적이라 해도 좋을 만큼 큰 영향을 받는다. 그런데 〈조선일보〉의 문화재 전문기자라는 사람이, 내막에 대해 알려고 하지도 않으면서 이 문제에 단정적인 태도를 보이며 사태를 호도하는 내용이 작년 전문가들의 발표에 더해졌다.

그 장본인이 바로 전 〈조선일보〉 문화재 담당기자 신형준이다. 대한민국에서 가장 영향력이 있다는 일간지의 문화재 전문기자라니, 웬만한 사람이라면 신형준이 말하는 내용 정도면 정확한 취재를 바탕으로 파악한 내용이라고 믿을 것이다. 과연 그럴까? 그는 풍납토성이 한성백제왕성이라 잘라 말한다. 일단 그의 말을 인용해 보자.

> 귀중한 유적과 유물이 잇따라 나오면서 '풍납토성=백제왕성'에 반론을 제기하는 학자는 사라진 것으로 필자는 알고 있다. 고고학자, 혹은 고고학을 기반으로 한 역사학 전공자들은 그런 사람들이다. 누가 뭐라고 해도 유물과 유적, 즉 '물질'이 나오기 이전에는 그 어느 것도 믿지 않는 사람들이다. 설사 우리나라 최고의 역사서인 《삼국사기》에 "풍납토성은 백제의 왕성이다"라는 기록이 있어도 이들은 "땅 파보기 전에는 단언할 수 없다"고까지 말할 사람들이다.
>
> 한데, 2015년에 '풍납토성=백제왕성론'에 대한 반론이라니? 솔직히 필자는 기가 막혔다. 이미 앞선 발표자들이 이 같은 반론에 대한 '재반론'을 학문적 근거를 갖춰 했으니 비전공자인 필자가 이에 대해 한 획이라도 덧댈 필요는 없을 것이다.
>
> 다만, 이런 반론의 '사회 경제적 근거'만큼은 살펴야 한다는 것이 필자의 생각이다. 모택동이 문화혁명을 일으키며 했던 말을 인용하는 것이라

> 조금 주저되지만, 모든 반대에는 이유와 배경이 있는 법(조반유리造反有理)이다.
>
> 필자는 백제왕성론에 대한 반박이나, 이를 보도하는 언론 보도에 대해 학계 등에서 그리 큰 신경을 쓸 필요는 없다고 본다. 소위 말해 '승부'는 이미 난 상태다. 풍납토성과 동 시기 유적으로, 풍납토성 이상의 성벽 규모를 보여 주고, 풍납토성 내부에서 발굴된 유적 이상의 규모를 지닌 유적이 발굴되지 않는 한 풍납토성이 백제왕성이라는 사실을 부정할 학자는 없다고 본다.

위에서 인용한 부분만 보아도 신형준이 풍납토성을 한성백제왕성으로 확신하고 있다는 점에 대해서는 더 확인할 필요가 없을 것이다. 그런데 무엇을 근거로 이렇게 확신하는 것일까? 이렇게까지 확신을 가지려면, 신형준 자신이 근거를 분명히 제시할 수 있는 상태에서 이와 같이 반대쪽으로 매도에 가까울 정도로 비난해야 했을 것이다. 그런데 신형준이 그만한 근거를 가지고 이런 태도를 보이고 있는 것일까?

적어도 이날 발표문에서 밝힌 이유는 간단하다. "이미 앞선 발표자들이 이 같은 반론에 대한 '재반론'을 학문적 근거를 갖춰 했다"라는 것이다. 더 보탰다고 해봐야 "엄청난 규모의 유물이 발견되었다"는 것 이상은 아니다. 이게 무슨 뜻이 되나? 이런 태도를 종합해 보면 결국 그가 증명했다고 하는 내용의 윤곽이 나타난다.

"발견된 유물이 엄청난 규모"라는 것이야, 풍납토성을 한성백제왕성이라고 주장하는 측의 고전적인 눈속임일 뿐이다. 그래서 이에 대해서는 "발견된 유물이 많다고 그곳이 수도라면, 로마의 수도는 폼페이가 되어야 할 판"이라는 취지의 반론을 한 바 있다. 즉 유물 규모와 상관없이 왕성이 아니면 나오지 않은 유적이나 유물이 나와야지, 단순히 유물 양만 많다고 그곳이 왕성이라는 논리가 성립하지 않는다는 것이다. 반론을 하려면 이런 상식을 뒤집는 근거를 제시해야 함에도, 신형준 등은 아직도 이전의 주장을 앵무새처럼 반복하는 것만으로 충분한 근거를 제시했다고 주장하고 있다.

그러니 이것을 빼면 남는 근거가 뭘까? 그저 "권위 있는 전문가들이 재반론을 해놓았다"라는 것이 전부인 셈이다. 물론 막대한 유물의 존재 역시 바로 그 '권위 있는 전문가들'의 주장 이상도 이하도 아니니, 결국 그가 제시하는 근거는 하나 뿐인 셈이다. 바로 '전문가의 권위'다. 그런데 이게 정말 앞에서 본 정도로 과격한 말을 내뱉을 확신을 가질 만한 근거일까?

지금까지 이 책의 내용에서 보여드린 것은, 바로 권위 내세우는 전문가라는 사람들이 얼마나 황당한 논리와 근거를 내세우며 대중들을 속일 수 있는가 하는 점이다. 내막을 전혀 모르는 일반인이라면 몰라도, 자기 입으로 그렇게 강조하는 '경험' 많은 기자가 조금이라도 성의껏 내용을 살펴보았다면 이 정도 눈속임을 몰라볼 수가 없다. 최소한 취재는 다녔을 터이니, 풍납토성에서 왕성임을 증명할 만한 유적이나 유물이 나오지 않았다는 점 정도는 쉽게 확인할 수 있었다. 그럼에도 불구하고 이런 정도의 눈속임도 알아보지 못할 수준이라면, 국내 최대 일간지 문화전문기자로 있었던 것 자체가 소속 신문사에게 모욕이 될 일이다.

그럼에도 불구하고 신형준은 당당하다. 그의 태도를 한마디로 말하자면, "대한민국의 권위 있는 학자들이 풍납토성은 한성백제왕성이라 한다"라는 것만 내세우면 만사형통이라는 것이다. 자신이 경험 많은 '문화재 전문기자'라는 점을 시사하면서도, 정작 결정적인 근거에 대해서는 기본적인 이해도 없이 자기가 아는 전문가들이 던져 주는 정보에 의지할 수밖에 없다는 점을 자백한 거나 다름없다. 이것만으로 충분하다고 생각했으니 자신이 그렇게 좋아하는 권위 있는 학자들의 재반론이라는 것이 어떤 내용인지에 대해서는 관심조차 갖지 않았을 것이다. 권위주의 좋아하는 언론사 소속 아니랄까봐 참 노력 많이 한다. 이러한 태도를 보면, 그가 애초부터 한성백제왕성을 둘러싼 진실에는 관심조차 두지 않았음이 드러난다.

선동을 위한 주장?

그런데 신형준은 근거에 대해 이해하려 하지도 않으면서, 그저 단순히 자신과 뜻이 맞는 전문가를 팔아 결론을 내리는 차원에서 끝난 것도 아니다. 이와 관련된 그의 글을 인용해 보자.

> 결론부터 말하면, 현재 풍납토성과 관련한 모든 문제의 연원과 남상은

'주민들의 재산권 침해'에서 발생했다고 본다. 1997년, 풍납토성에 대한 첫 정식 발굴이 시작된 이후 20년 가까이 지나도록 이 문제는 해결되지 않고 있다. 아니, 더 심화됐다. 이 문제에 대한 본질적인 해법이 나오지 않는 한, 풍납토성에서 아무리 귀중한 유적(유구가 정확한 표현이겠지만, 일반인에게 생경한 유구라는 표현 대신 유적이라는 표현을 쓰고자 한다)과 유물이 나오더라도, 아니 나올수록 "풍납토성은 한성백제의 왕성이 아니다"라는 주장은 주민들에게 더욱 힘을 얻게 될 것이다. 주민들 입장에서는 재산권 침해가 더욱 심해질 수 있기 때문이다. 따라서 그 어느 문화재 전문대기자가 '풍납토성 백제왕성론'을 대문짝만하게 써도 주민들은 거들떠도 보지 않거나, 반감만 갖게 될 가능성이 높다.

바로 이런 맥락에서 최근의 언론 보도를 바라보아야 한다고 본다. 물론 최근 언론 보도에서 너무나도 쉽게 '풍납토성 백제왕성론'에 대한 반론 기사를 접할 수 있는 것은 사실이다. 하지만 그 보도를 찬찬히 살펴보면 결국은 재산권 침해를 받는 주민들의 목소리 속에 녹아들고 있음을 알 수 있다. 전형적인 '학술기사'로 백제왕성론에 대한 반론을 보도하는 내용은 솔직히 찾아볼 수 없었다. 모두 주민들의 재산권 침해를보도하면서, 그 과정 속에서 백제왕성론에 대해 반박하는 내용이었다.

요약하기도 민망한 정도로, 신형준은 "풍납토성은 한성백제왕성이 아니다"라는 주장이 학술적인 이유가 아니라 주민을 선동하기 위한데 목적을 두고 있다는 식으로 몰아가고 있음을 알 수 있다. 즉 풍납토성 시비의 근원은 단순히 '재산권 문제'에 불과했는데, 필자 같은 이들이 풍납동 주민들을 선동하기 위해 "풍납토성은 한성백제왕성이 아니다"라는 주장을 내놓았다는 이야기가 된다.

물론 필자가 주민들을 선동해서 이익을 얻고자 하는 개인이나 집단이 없다고 잘라 말할 입장은 아니다. 사실 필자의 눈에도 그런 목적을 가지고 움직인다고 의심이 가는 경우도 있다. 이것이 이적질 역할을 한다는 점은 논지 전개상 나중에 서술하기로 하겠지만, 적어도 필자의 주장이 그런 목적에서 내놓은 것이 아니라는 점을 자신 있게 밝힐 수 있다. 필자가 풍납동 주민들과 접촉하게 된 계기와 배경이 책의 출간과 아무 상관없었음은 정황에서 분명하게 드러나기 때문이다.

풍납토성이 한성백제왕성은 아니라는 주장을 담은《잃어버린 백제 첫 도읍지》가 출간된 시기는 2009년이다. 그런데 풍납동 주민들이 필자와 접촉하기 시작한 시기는 2015년 중반쯤이다. 풍납동 주민들이 필자와 책의 존재 자체를 몰랐거나 무시했다는 이야기다. 만약 필자나 강찬석 선생이 선동을 목적으로 책을 썼다면, 책을 써놓고도 재산권 침해를 받고 있는 당사자 풍납동 주민들에게 그 존재를 알리려는 노력을 적극적으로 하지 않는 바보짓을 했을까?

더욱이 강찬석 선생은 풍납토성이 발굴되던 초기부터 현장을 다녔던 분이다. 재산권을 침해받은 주민들의 반발을 모를 수 없는 입장이고, 공저로 책을 쓰던 중에도 선생께 그에 관련된 일화는 수도 없이 들었다. 그럼에도 불구하고 우리는 적어도 6년 이상, 주민에 대한 선동은 고사하고 접촉조차 하지 않았던 것이다. 오히려 2015년 첫 접촉에서, 책이 나온 지 6년 만에 찾아온 주민대표들에게 필자가 던졌던 첫 번째 질문은 "갑자기 관심을 가져 주는 이유가 뭐냐?"였다.

이런 정황을 놓고 보면 신형준이 이런 식으로 몰아가는 이유가 오히려 의심스러워진다. 자기 스스로도 발표문에 "2015년에 '풍납토성=백제왕성론'에 대한 반론이라니?"라는 식으로 써놓았다. 2015년 심포지엄에서 '풍납토성=백제왕성론'에 반론을 제기한 발표자는 필자였으니, 그가 말하는 핵심 인물 역시 당연히 필자일 수밖에 없다. 즉 신형준은 필자가 풍납동 주민들을 선동하기 위해 학술적인 이유가 아닌 '잿밥'에 관심을 가지고 한성백제왕성으로서의 풍납토성을 부정하고 있다고 노골적으로 비난하고 있는 셈이다.

그렇지만 앞에서 밝힌 정황만 놓고 보아도 필자가 적어도 선동을 위해 이런 주장을 내놓은 것이 아니라는 점은 분명해질 것이다. 그렇다면 가장 영향력 있는 신문의 문화재 전문기자라는 사람이, 책 출간 연도만 체크해 봐도 간단하게 확인할 수 있는 정황을 너무나 당당하게 무시하고 마치 선동이 목적인 것처럼 몰아간 셈이다.

앞에서 언론이 제4의 권력이라는 점을 밝힌 이유가 다른 데에 있는 것이 아니다. 기자 하나가 누군가의 의도를 이렇게까지 왜곡시켜 퍼뜨린다면, 피해를 입는 당사자가 헤어 나올 방법은 없다. 신문사에 문화전문기자로 그렇게 오래 있었다면, 최소한의 확인을 해야 한다는 점을 모를 리 없다. 그런데도 신형준은 쉽게 확인할 수 있는 사실조차 무시한 점은 말할 것도 없고, 필자에게 단 한 번도 사실을 확인하려 한 적조차 없다. 그러면서 2009년 당시 아무도 관심을 기울이지 않았던 사실을 담담하게 밝혔을 뿐인 논리를 선동으로 몰아가고 있는 것이다.

이런 태도를 가진 언론인이 이렇게까지 당당하게 활동하고 있다는 자체가 대한민국 사회의 비극일 것이다.

자발적으로 개가 되려나?

그러고 보면 신형준이 풍납토성과 한성백제왕성을 둘러싼 논란의 본질을 파악하는 태도부터가 이해하기 어려워진다. 이에 대한 그의 입장을 인용해 보자.

> 전형적인 '학술기사'로 백제왕성론에 대한 반론을 보도하는 내용은 솔직히 찾아볼 수 없었다. 모두 주민들의 재산권 침해를 보도하면서, 그 과정 속에서 백제왕성론에 대해 반박하는 내용이었다.

이 내용만 보면 마치 풍납토성과 한성백제왕성을 둘러싼 논란은 애초부터 학술적인 차원의 문제가 아니었던 것처럼 보인다. 그래서 언론도 그런 측면에서 관심 갖는 경우가 거의 없다는 식이다. 그런데 이 자체가 이른바 왝더독(Wag the Dog)이라는 점을 의식하고 싶지 않다는 태도를 분명히 보여 주는 셈이다.

사실 본질을 따지자면, 어떤 이권이 걸려 있건 한성백제왕성에 관한 논란은 학술적인 차원에서 먼저 정리가 되어야 한다. 이렇게 사심 없이 학술적으로 정리된 다음에, 그것을 기반으로 정책을 세워야 하는 것이, 유물·유적이 관련된 사업의 원칙이라는 점은 다시 언급할 필요조차 없을 것이다.

그런데 풍납토성에 이런 원칙이 제대로 지켜졌을까? 사실 이런 문제가 학술적인 차원에서 다루어진다면 이렇게까지 사회적 물의를 일으킬 이유가 없다. 그러고 보면 신형준을 비롯한, 학계·언론계 인사들의 태도에 도저히 이해가 가지 않는 점이 있다. 이는 참 이율배반적이게도 신형준이 발표문의 제목으로 내세운 "'한로축괴 사자교인(韓獹逐塊獅子咬人)'을 한탄함" 문구로 잘 표현된다. 신형준이 자기 손으로 붙여놓은 해설부터 보자.

> 누군가가 개에게 돌을 던지니, 개는 돌을 쫓아 싸우려고 했다. 그러나 사자에게 돌을 던지니, 사자는 돌을 던진 이에게 달려들어 목을 물었다. 어느 불교 서적(《전등록(傳燈錄)》)에 나오는 이야기다. 이 글의 제목 '한로축괴 사자교인'을 풀어서 쓴 것이다. 본질이 아니라, 현상에만 집착하는 우를 범하지 말라는 가르침이다. 한데 이런 잘못이 현재 풍납토성을 둘러싸고도 벌어지고 있다고 필자는 생각한다.

신형준의 주장대로 하자면, 풍납토성이 한성백제왕성이라는 점은 너무나 당연해서 논란이 일어날 필요가 없는 것이다. 그런데 억울하게 재산 피해를 보게 된 풍납동 주민들의 입장에 편승해 필자 같은 이들이 되지도 않는 주장을 내세워 아무것도 모르는 주민들을 선동하는 꼴이 되어야 한다. 그렇다면 필자가 바로 돌을 던져 평지풍파를 일으키는 장본인인 셈이고, 해결책도 간단해진다. 바로 쓸데없이 물의를 일으킨 원흉(?)인 필자를 응징해 버리면 된다.

이렇게 상황을 이해하고 '한로축괴 사자교인(韓獹逐塊 獅子咬人)'이라는 구절을 다시 새겨 보자. 신형준 자신을 비롯한 학계 인사들이 사자라면, 당연히 아무것도 모르는 풍납동 주민들을 선동한 필자에게 달려들어 '목을 물어 뜯어야' 한다. 그런데 참 이상하다. 필자는 당연히 달려와야 할 사자들을 본 기억이 없다. 오히려 작년에 있었던 심포지엄에서 필자에게 발표를 의뢰해 왔을 때, 필자는 주최 측에 도망가지 않을 상대를 구할 수 있겠느냐고 걱정하며 10여 명의 명단을 넘겨주었다. 아니나 다를까 명단에 있던 인사들은 다 도망가 버리고, 마지막에 남은 사람이 미처 생각 못했던 충남대 박순발 교수였다. 그 박순발 교수조차 발표를 어떻게 때우려 했는지는 이미 언급했다.

신형준의 논리대로라면 풍납토성을 한성백제왕성이라 주장하면서도, 필자와의 맞대결을 피하시는 분들은 '개'가 되는 셈이다. 신형준이 설마 그렇게 추종해 마지않던 분들께 "왜 돌 던진 장본인을 물어뜯지 못하고 개처럼 도망 다니느냐?"라고 질타라도 하려는 뜻이었을까? 그렇다면 신형준 자신도 그 범주에서 벗어나지는 못할 터인데….

누가 학술 문제의 본질을 흐리나?

앞서도 강조했듯이, 풍납토성과 한성백제왕성 문제는 학술 문제이고 학술적 차원에서 먼저 다루어져야 하는 문제다. 그런데 현재 학술적인 차원의 논쟁이 실종된 점은 사실인 듯하다. 이를 두고 신형준은 마치 이것이 학술적인 차원에서 다루어질 가치가 없기 때문에, 언론이 풍납토성=한성백제왕성이라는 논리에 대한 반론을 학술적으로 다루지 않는다는 식으로 몰아갔다.

과연 그럴까? 아무리 문제를 보여 주어도 몰아가려고만 하니 이쯤에서 간단하게 풍납토성=한성백제왕성이라는 근거를 어떻게 만들어 냈는지 정리해 보자. 우선 풍납토성은 한성백제왕성이라고 주장하면서도 "유물이 많다" 같은 눈속임을 제외하고는 결정적인 근거를 제시한 적이 없다. 그렇지 않다면 나오지도 않은 왕궁터가 나왔다며 공공기관인 한성백제박물관에 전시물을 만들어 놓았을 턱이 없다.

그렇게 해놓고 찜찜하니, 하지도 않은 말을 다른 사람 주장에 끼워 넣는 등 온갖 추접스런 눈속임을 근거라고 내세우며 상대를 매도하는 측이 도대체 어느 쪽인가? 이런 태도는 설사 나중에 풍납토성이 정말 한성백제왕성이라고 증명된다 하더라도 원칙적으로는 용납받을 수 있는 것이 아니다.

사실 학술적인 차원 아닌 재산권 분쟁 차원만을 부각시키는 현실이 제일 짜증나는 것은 바로 필자의 입장이다. 오히려 풍납토성 문제가 학술적인 차원에서 다루어지지 않는 원인 중 하나는, 신형준을 필두로 한 언론 관계자들의 관심사가 풍납동의 재산권 문제를 둘러싼 분쟁에 초점을 맞추고 있기 때문이다. 그렇다 보니 정작 핵심이 되어야 할 학술적인 측면은 제대로 따지지 못하게 만들고 있는 측면도 있다. 이렇게 해놓고 마치 더 따질 필요가 없어서 언론이 학술적인 논쟁 측면을 다루지 않는 것처럼 호도하는 행태가, 필자로서는 황당할 일이다.

물론 풍납토성 문제가 학술적인 차원에서 다루어지지 않는 본질적 원인은 학계 자체에 있다고 보아야 할 것 같다. 이는 필자가 강찬석 선생께 《잃어버린 백제 첫 도읍지》를 집필하자고 제안했을 때부터 심각하게 예고되었다. 이 제안을 받고 출판사 대표까지 모여 집필을 결정하려는 자리에서 강 선생이 필자뿐 아니라 대표께도 다짐했던 말이 있었다. "앞으로 이 책을 쓰게 되면 사회적으로 엄청난 압박을 받게 될 텐데, 감당해 낼 자신이 있느냐?"는 것이었다. 그러면서 "풍납토성은 한성백제왕성이 아니라는 주장은 자신의 평생 숙원 같은 것"이지만, 주변 사람 끌고 들어가서 피해 주고 싶지 않으니 겁이 나면 지금이라도 포기하라는 말도 덧붙였다.

물론 주변머리가 없어서 할 이야기는 해야 직성이 풀리는 필자는 말할 것도 없고, "유신 때 감옥 가면서도 출판할 거 했다"는 출판사 대표까지 눈치 안 보는 캐릭터였던 덕분에 포기하지 않고 출간까지는 갔었다. 그렇지만 강찬석 선생이 공연히 겁을 준 것이 아니었다는 점은 금방 느낄 수 있었다.

이렇게 우여곡절 끝에 책은 출간되었지만, 그때 주변의 섬뜩했던 반응은 지금도 생생하다. 한두 개만 떠올려보자. 강찬석 선생이 소속되어 있던 단체에서 출판기념회는 열어 주었다. 자연스럽게 여기에 여러 사람이 참석하게 되었는데, 그중 공영방송 고위 간부라 했던 한 분이 의미심장한 말을 했었다. "앞으로 20년은 조용히 지내야 할 것"이라는 말이 왜 그런 자리에서 튀어나왔는지 당시로서는 의아했었지만, 시간이 흐르면서 그 의미를 절감하게 되었다.

이는 좀 나중에 국립민속박물관장을 지냈던 분과 강찬석 선생의 술자리에 우연히 필자가 끼게 되면서 들었던 말과 맥락을 같이 한다. 그 분 역시 "한동안은 당신들 책의 주장을 강력하게 내세우지 못할 테니 너무 애쓰지 말라"는 취지의 말을 해주었다. 왜 이런 말이 나왔는지는 지금 고고학과 고대사학계 기득권층과 신형준 같은 언론인들이 보이는 태도를 보면 알고도 남을 것이다.

신형준은 필자가 풍납동 주민을 선동하여 이익을 챙기려고 하는 것처럼 몰아갔지만, 이 쯤에서 냉정하게 따져 보자. 신형준이 풍납동 주민들을 동정하는 척하며 내세운 요소가 뭐였던가? 풍납동 대부분은 먹고 사는 데 쫓기는 서민들일 뿐이라는 것이다. 그러니 이런 사람들에게 잘 보여 봐야 무엇을 얻을 수 있을까? 7년이 넘는 동안 이 문제와 관련된 추억을 아무리 더듬어 보아도, 어느 프로젝트에 공동연구원으로 참여만 해도 벌 수 있는 몇 백만 원 정도의 액수만큼도 만져본 기억이 없다. 현재의 협력도, 핍박받는 사람들끼리의 협력이라는 동병상련 차원 이상의 것은 아니다.

반면 풍납토성을 한성백제왕성으로 몰아가려는 측에는 서울시장과 문화재청을 비롯한 공공기관과 각종 전문가들의 학회가 버티고 있다. 막대한 예산과 이권을 누구에게 줄지 결정할 수 있는 위치에 있는 사람 또는 조직들이다. 이들과 등지면서 부자들도 별로 없는 주민들에게 잘 보인다고, 학계에 몸을 담고 있는 필자 같은 사람이 얻을 수 있는 이익이 있기나 할까?

그러니 학계에 몸담고 있는 사람들이 뻔한 거짓말도 외면할 수밖에 없는 것이다. 아직도 대한민국은 힘 있는 분들에게 미움 사면 인생 망가지는 나라다. 최소한 학계에 몸담고 있는 사람이라면 제정신이 아닌 바에야, 풍납동 주민들에게 잘 보이자고 없는 논리 만들어 낼 발상은 하기 어려운 것이다.

이런 점을 보면 신형준 같은 언론인들이 어떤 세상을 만들고 싶어 하는지 짐작이 가지 않는가? 오랜 시간 국내 최대 일간지 문화재 전문 기자를 지냈다는 사람 수준이 뭘 몰라서 이 정도밖에 안 되리라는 생각은 들지 않는다. 그러면 도대체 왜 이런 짓을 하는지, 그 의도가 짐작되지 않을까? 우리 사회 여론을 주도하는 언론인 중 이런 사람이 있는 것 자체가 비극일 것이다.

편견은 편견을 낳고

신형준만큼 악의적이지는 않았지만, 풍납동 주민들과 필자의 태도를 매도한 사례는 또 있다. 이는 2015년 7월 13일, 한국프레스센터에서 풍납토성이 한성백제왕성인지 여부를 따져보는 심포지엄이 끝난 직후 기사로 터졌다. 〈한국일보〉 '뒤끝뉴스'라는 코너에 인현우 기자가 쓴 '풍납동, 백제왕성이 아니라는 주장의 진짜 이유'라는 기사였다. 이 기사를 본 많은 사람들이, 기자가 일리 있는 지적을 했으며 학계에 몸을 담고 있는 필자가 생각 없이 이권 싸움에 나선 것 아니냐고 손가락질을 했고 지금도 하고 있을 것이다. 애초부터 이런 손가락질을 각오하지 않은 바는 아니지만, 필자 혼자만 피해를 볼 문제가 아니라 수만 명에 달하는 주민들까지 억울한 피해자가 될 수 있기 때문에 이 기사에서 교묘하게 호도된 문제들을 밝혀야 했다. 그래서 당시 칼럼으로 썼던 내용 중 일부를 발췌하여 소개하고자 한다.

인현우 기자가 쓴 기사는 풍납동 주민들이 자기가 살고 있는 지역 개발의 명분으로 이용하려고 "풍납토성을 한성백제왕성이 아니라고 주장한다"라는 내용을 골자로 하고 있다. 이 자체만 떼어 놓고 보면 충분히 일리 있는 지적으로 보일 것이다. 주민들의 관심이 일단 경제적 피해를 줄이자는 것이라는 점까지 부인하고 싶은 생각도 없으니까.

하지만 뒤집어서, '풍납토성을 한성백제왕성으로 몰고 가려는 진짜 이유'까지 이해한다면 전혀 다른 그림이 보인다. 필자가 강조하고 싶은 것은 바로 이 점이다. 이 문제는 내막을 모르는 사람들이 쉽게 생각하는 것처럼 '좋은 것과 나쁜 것 중의 하나를 택하는' 동화적인 상황이 아니다. 어떤 드라마 대사에서 나왔던 것처럼 '나쁜 것과 더 나쁜 것 중 하나를 택해야 하는' 상황이라는 것이 필자의 입장이다. 그래서 '풍납토성을 한성백제왕성으로 몰고 가려는' 의도가, '아니라고 주장하려는' 의도보다 나을 것이 있는지 내막을 모르는 독자들께 판단할 기회를 주어야 한다는 것이다. 그렇기 때문에 심포지엄 발제문 제목에 필자가 하지도 않은 '재산권 침해'라는 문구가 삽입되었어도, 섭섭함을 접고 주민들에 대한 변명에 나서 보려 한다.

이를 위해 먼저, 기성 고고학계 역시 주민들에 비해 더하면 더했지, 못하지 않은 이해관계를 가지고 있다는 점부터 지적해야 할 것 같다. 인현우 기자를 비롯해서 많은 사람들이 가지고 있는 편견이, 바로 학자들은 이권에 초연한 사람들인 것처럼 여긴다는 점이다. 학계 사람들은 말할 것도 없고 일부 언론에서도 그런 인식을 심고 있기 때문에, 실제로는 많은 분야에서 그렇지도 않다는 점을 간과하게 된다.

그중에서도 고고학계는 구조적으로 자금에 민감할 수밖에 없다는 점부터 언급해 보자. 여기서 고고학계가 특히 심할 수밖에 없는 이유는 간단하다. 얼마 전 경주 월성 발굴에 1조 3,000억 원을 투입한다는 발표가 있었고, 이번에도 보상비를 포함해 2조 원의 자금이 투입된다고 한다. 이만큼 고고학 발굴에는 막대한 자금이 필요하다.

이 점은 고고학자들이 자금에 민감할 수밖에 없는 이유이기도 하다. 아무리 유능한 고고학자라도 발굴을 하지 않으면 업적을 쌓기 곤란하다. 그런데 발굴에는 막대한 자금이 필요하다. 이런 자금을 대 줄 사람이 원하는 것은 간단하다. 대놓고 하지 않더라도, 그만한 자금이 아깝지 않을 만큼 가치 있는 유물과 유적을 발굴해 달라는 요구를 무언중에라도 하게되고, 이것이 발굴단에는 심각한 압박이 된다.

그런데 일껏 막대한 자금을 투입해서 발굴한 곳이, 역사적으로나 고고학적으로 별 가치를 인정받지 못하는 곳이 된다면 어찌될까? 이 때문에 종종 학자의 양심을 저버리는 일을 한다는 점은 공공연한 비밀이다. 자신들이 발굴한 곳의 가치를 과장하는 것, 발굴하고자 하는 곳에 대해 터무니없이 낙관적인 전망을 내놓는 것은 고전에 속한다.

이 때문에 심지어 고고학계 내부에서도 "우리가 학자인가 업자인가?"라는 자조의 소리가 나온다. 풍납토성도 바로 그런 곳 중의 하나로 지목되는 것이다.

물론 인현우 기자는 "왕성이 아닌 백제 유적이면 개발해도 된다는 것일까요?"라는 의문을 제기하며 유적의 가치에 상관없이 무조건 보존해야지 개발의 명분으로 이용해서 되겠느냐는 논조를 폈다. 얼핏 보기에는 지극히 타당해 보인다. 그러나 여기에는 애써 외면한 맹점이 있다. 석기시대부터 역사가 이어져 온 우리나라에서는 "유적이나 유물이 나오지 않는 곳이 오히려 드물다"라고 할 정도다. 그래서 무조건적인 유물·유적 보호에만 집착하면 "아무것도 못 한다"는 말이 나온다. 사실 이웃나라 일본도 비슷한 처지다. 현실적으로 모든 유물과 유적을 보존할 수는 없다는 이야기다.

그렇기 때문에 개발 대상지로 지정된 지역이, 여러 가지 희생을 무릅쓰고 보존해야 하는지 그렇지 않은지를 냉정하게 평가해 보고 보존의 수위를 결정하는 것이 필요해진다. 풍납동 주민들이 1차적으로 요구하는 것도 바로 이 점이다. 그러니 이 자체만 가지고서는 집단이기주의로 비난받을 일이 아닌 것이다. 앞으로 주민 측에서 무리한 개발 요구가 나올 가능성까지 없다고는 못 하겠으나, 이는 이후 일처리 과정에서 불거질 수 있는 문제일 뿐이지 그렇다고 해서 풍납토성의 성격에 대해서 말도 꺼내지 말라고 할 문제가 아니다.

이 점을 의식하면 인현우 기자의 논리에서 황당한 점을 느낄 수 있을 것이다. 그의 기사는 "제대로 된 발굴과 연구 없이 풍납토성은 한성백제의 수도인지 여부를 토론으로 결정하는 것도 불가능한 일이지만, 이를 지역 개발의 근거로 사용하려는 것이 타당한지도 의문입니다"라는 문구로 마무리 지어졌다. 많은 사람이 찬사를 보낸 문구지만, 내막을 알고 보면 황당하다 못해 울화가 치밀 정도다.

우선 "풍납토성은 한성백제의 수도인지 여부를 토론으로 결정하는 것도 불가능한 일이지만"이라는 문장부터 보자. "토론으로 결정하는 것도 불가능한 일"이라면 도대체 뭘로 결정해야 한다는 뜻일까? 실제로 기성 학계는 지금까지 바로 이런 태도로 일관해 온 것이다. 왕성이 아니라는 견해는 철저하게 무시해 버린 채, 이에 대한 전문가들의 토론도 없이 그저 '왕성이라면 왕성인줄 알라'는 식으로 몰아갔다는 이야기다. 인현우 기자의 논리대로 하자면, 앞으로도 계속 이런 식으로 '토론 없이' 밀어붙이자는 이야기밖에 안 된다. 도대체 누구를 위해서? 이런 식으로 하려면 학자들은 뭐 하러 키우는지 모르겠다.

또 이렇게 '토론 없이' 밀어붙였다가, 풍납토성이 왕성이 아니라면 그로 인한 후유증은 자기들이 책임을 지겠다는 것일까? 엉뚱한 곳에서 왕성을 찾겠다고 조 단위의 국민 혈세를 쏟아 부은 점만 문제가 아니다. 진짜 한성백제의 왕성은 제대로 찾아보지도 않고 훼손되도록 방치한 꼴이 되는 것이다. 무시할 만한 후유증이 아님에도 불구하고, 인현우 기자는 이런 측면에 대해서는 만큼은 철저하게 외면했다.

신중하게 사전 검증을 하자는 데에 거품 물고 반대하던 전문가들이, 자신들의 주장과 상반되는 결과가 나왔을 때 어떻게 하는지는 여러 분야에서 보기 어렵지 않을 것이다. 언제 그랬느냐는 듯이 자신들의 잘못에 대한 인정도 없이 안면을 바꾸고, 자신들이 반대하던 주장에 전도사 역할을 하니까. 사실 지금 풍납토성이 왕성이라고 주장하는 학자들 중 일부는, 몇 년 전까지만 해도 한성백제왕성은 몽촌토성이지 왜 풍납토성이 되어야 하느냐고 거품 물던 사람들이다.

8% 뒤에 숨겨진 눈속임

더욱이 인현우 기자는 풍납토성의 성격에 대해 논의하는 것조차 문제인 것처럼 몰아가는 것도 모자라, 이 주장 앞뒤에 붙은 문장으로 절묘하게 사정을 왜곡시켜 놓았다. "제대로 된 발굴과 연구 없이"라는 문구가 바로 그것이다. 이 이야기를 하자면 인현우 기자의 또 다른 왜곡에 대해 언급할 수밖에 없게 된다. 그는 풍납토성을 왕성이 아니라고 주장하는 측에서 고고학계의 주장을 그대로 옮겨 발굴도 8%밖에 되지 않았고 연구도 진척되지 않은 상태에서 결론을 내자고 한 것처럼 몰아갔다.

이것도 사실과 다르다. 우선 8%라는 수치 자체를 절묘한 눈속임에 사용했다. 수치만 보면 정말 기초적인 발굴도 제대로 하지 않은 것처럼 보이게 만들었지만, 내막은 다르다. 지난 20년 동안 여러 차례의 발굴이 이루어졌다. 발굴지역 중 상당수는 이른바 '시험발굴'지역이다. 이곳의 발굴 면적은 얼마 되지 않지만, 주변지역까지 어떤 성격을 가진 곳인지 가늠해 보는 데에는 효과가 있다. 즉 이런 지역에서 왕궁이나 대형 사찰같이 왕성의 증거가 전혀 나오지 않았다면, 주변의 일정한 넓이까지 나올 가능성이 없다는 뜻이 된다. 따라서 8%보다는 훨씬 넓은 지역을 발굴한 셈이 되는 것이다.

또 하나 지적해 두어야 할 점이 있다. 8%라는 발굴지역이 한곳에 몰려 있는 것이 아니라 요소요소에 흩어져 있다는 점이다. 발제문의 참고도에서도 제시한 바 있듯이, 이런 곳을 제외하고 왕성의 증거가 될 만한 건물이 들어갈 지역을 그려 보면 형편없이 적은 면적밖에 남지 않는다. 사실 웬만했으면 그동안의 발굴을 통해 왕궁이나 대형 사찰 같은 왕성의 증거 한 귀퉁이라도 걸렸을 것이고, 확인은 몰라도 윤곽 정도는 잡혔어야 정상이다.

이 점을 확인하기 위해서 서울 풍납동 토성 복원·정비 사업 고시에 관한 도면을 보자. 이 도면에서 붉은 색으로 칠해진 부분이 사적지로 수용된 땅이다. 이렇게 나라에서 압수나 다른 강제성 없이 매입한 땅, 상당수에는 시험발굴을 했다고 한다. 그런데 이런 곳이 풍납토성 안의 제법 많은 지역에 흩어져 있다. 일부 시굴한 지역에서 왕성의 근거가 나오지 않았다면, 그 부근 일정 지역에서는 발견될 가능성이 없다는 뜻이라는 점을 감안해 보자. 이런 지역이 도면에서 보이듯 꽤 넓은 범위에 퍼져 있다면, 앞으로 발굴이 더 진행된다 해도 왕궁 같은 왕성의 근거가 나올 가능성은 거의 없다고 보아야 한다.

더욱이 시험발굴이 보통 중요한 유물이나 유적이 있을 만한 곳을 택한다는 점을 감안하면, 지금까지 도대체 무슨 기준으로 발굴 장소를 정했는지조차 이해하기 어렵다. 발굴한 사람들의 감이 얼마나 떨어

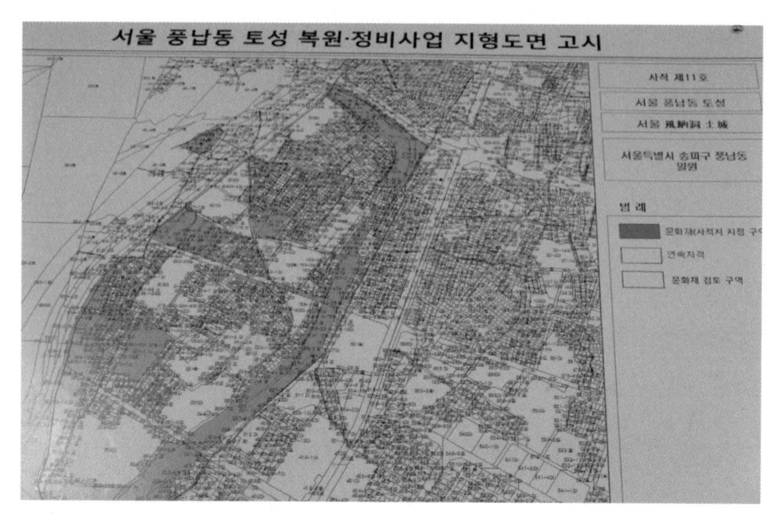

풍납토성 복원 – 정비사업 지형도

지는지, 절묘하게 왕성의 증거가 나올 지역만 피해서 발굴했다는 뜻이 되니까. 이렇게 억세게 재수가 없을 확률이 현실에서 가능한지 의문이다. 그러니 더 파 보아야 확인된다는 주장도, 거의 없는 확률에 막대한 희생을 감수하라는 이야기밖에 안 되는 것이다.

이에 더하여 연구 성과가 축적되지 않았다는 말은 황당하기 그지없다. 현재 풍납동에 규제를 가한 뒤만 따져도 20년의 세월이 흘렀다. 한성백제박물관에서 한성백제를 대상으로 하는 연구만 해도 매년 몇 차례에 해당하며 수십 편의 논문이 양산된다. 그동안 기본적인 발굴과 연구가 없었다고 할 수가 없는 것이다.

그런데 20년에 걸친 발굴과 연구 활동을 통해서도 풍납토성이 한성백제왕성이라는 결정적인 근거를 발견하고 제시한 적이 없다. 뒤집어 말하면 발굴과 연구가 없었던 것이 아니라, 20년 동안이나 연구 성과를 쏟아 내고도, 마치 연구 성과가 나오지 않은 것처럼 인식할 만큼 가장 기초적으로 확인했어야 할 왕성 증거 확보에는 이렇다 할 성과를 내지 못했다는 이야기다.

그렇다면 "지금까지 쏟아 냈던 연구 성과는 도대체 뭐였을까?"라는 의문이 생기지 않을 수 없다. 이를 시사해 줄 수 있는 것이 바로 박순발 교수의 발제문이다. 이 내용을 소개하는 데에도, 인현우 기자는 정말 짧은 문장으로 절묘하게 왜곡해 놓았다. 그의 기사에는 박순발 교수의 발제문이 "풍납토성이 왕성일 가능성이 높다는 학계 주류의 연구 결과를 총정리했다"라고 소개했다. 대부분의 사람들이 이 말에 아무 의문을 달지 않지만, 이 간단한 문장조차도 사실을 철저하게 왜곡하고 있다.

정말 관심이 있는 분이라면, 공개되어 있는 박순발 교수의 발제문을 확인해 주시기 바란다. 사실 박순발 교수의 발제문에는, 당연히 있어야 할 이런 내용이 거의 없다. 단지 풍납토성을 왕성이라고 간주하는 전제에서, 이날의 핵심 논점과는 별 상관없는 자기주장 나열로 대부분의 내용을 채워 넣었을 뿐이다. 오죽 했으면 필자가 토론 서두부터 "이 자리를 마련한 이유를 제대로 알고 나온 거냐?"라고 따졌을 정도였다. 사실 현장에 있던 사람 여럿이, 이런 발제문 내용에 분개했다 한다. 나중에 언급하겠지만, 이는 인현우 기자가 주최 측에서 험악한 분위기를 연출해 낸 것처럼 왜곡한 문제와도 연결된다. 어쨌든 현장에서 발제문을 확인하고 토론을 지켜봤다는 기자가, 이런 내용을 두고 어떻게 "풍납토성이 왕성일 가능성이 높다는 학계 주류의 연구 결과를 총

정리했다"라고 소개했는지 이해가 가지 않는다.

그러면 박순발 교수는 무엇 때문에 발제문을 이렇게 작성해 왔던 것일까? 국립대학 고고학과 교수라는 사람이, 책임지고 시비를 가리자는 자리에 왜 나왔는지도 모르고 엉뚱한 내용을 채워 놓았을 만큼 능력과 도덕성에 문제가 있을 가능성은 제외해야 할 것이다. 정말 그렇다면 박순발 교수에게 교수직 사표를 받아야 할 문제가 될 테니까. 그러면 비전문가가 아닌, 내막을 알고 있는 상대에게 자신 있게 내놓을 만한 근거가 없었다고 생각해야 할 것 같다.

사실 필자가 20년 동안 보아 왔던 이런 저런 학회에서 발표되는 연구 성과 대부분이 박순발 교수의 발제문과 크게 다르지 않았으니까. 그럴 만큼 가장 확실하게 확인해 두어야 할 문제는 제멋대로 결론을 내려놓은 채, 그것을 전제로 자기 편리한 내용을 나열한 것을 연구 성과로 내놓는 일이 많다는 것이다. 그러니 결정적인 논쟁이 붙었을 때, "연구 성과가 축적되지 않았다"라는 것을 변명으로 내세울 만큼 내실 있는 내용이 없을 수밖에 없는 셈이다.

사실 조금만 눈치가 있다면, 박순발 교수부터 인현우 기자까지 무엇 때문에 자꾸 "풍납토성이 백제왕성이 아니라도"라는 식의 조건을 언급하는지 알 수 있을 것이다. 정말 내세울 만한 근거가 있다면 반복해서 이런 언급을 할 필요도 없고, 20년 동안이나 연구 성과가 축적되지 않았다는 자충수를 둘 필요가 없을 테니까.

하긴 이런 왜곡은 인현우 기자만 한 것도 아니다. 2015년 7월의 심포지엄을 계기로 풍납토성 시비에 관심을 가졌던 JTBC 기자에게도

8%의 허구에 관해 열 번도 더 강조했건만, 정작 방영될 때에는 다 잘려 버리고 "아직 8%밖에 발굴되지 않아서 실체가 드러나지 않았다"라는 식으로 몰아갔으니까.

고고학계는 고고하고 주민들은 폭력적?

인현우 기자의 또 다른 문제는 마치 기성학계가 경제적 이익에 눈먼 주민들에 맞서서 유적 보존에 정성을 기울이는 것처럼 구도를 잡아 놓았다는 점이다. 이런 식으로 몰고 가니까, 내막을 모르는 사람들은 유적 보호 문제가 마치 ○×문제같이 확실한 답이 나오는 선악의 구도인 것처럼 인식한다.

그렇지만 고고학계가 꼭 그렇게 유적 보호에 집착하는 것도 아니다. 이를 적나라하게 보여 준 사례가 바로 춘천 중도 유적의 경우이다. 풍납토성과 달리 이곳에 레고랜드가 들어서 유적지가 파괴될 위기에 처했다는 보도가 잇달았던 와중에도 대한민국 고고학계는 여기에 별다른 반대 움직임을 보이지 않았다. 오죽했으면 중국에서 일시 귀국했던 요하 문명 전문가가 "지금쯤 중도 유적 보호를 위한 항의 때문에 난리가 날 줄 알았다"라고까지 아쉬워했다.

고고학계와는 달리 오히려 재야단체만 보존 운동에 나선 실정이고, 지금도 이런 현상은 계속되고 있다. 재야단체의 중도 유적 보존 운동이 일어났을 당시 필자는 여러 학회를 다니면서 이에 대한 학계 인사의 반응을 잊을 수가 없다. 평소에 친분이 있던 동료들까지 "고조선과 별 상관도 없는 것을 가지고 공연히 난리 친다"라는 반응이었으니까. 그런 식이라면 풍납토성이 왕성은 아니라 하더라도 보존해야 한다는 논리가 왜 여기에는 적용되지 않는 것일까? 기원전 14세기까지 거슬러 올라가는 유물과 유적이라면 고조선과 상관이 없더라도 왕성 아닌 풍납토성보다 보존 가치가 떨어질 리 없을 텐데 말이다.

한 가지는 확실히 비교가 된다. 풍납토성 개발 중단으로 피해를 보는 사람들은 힘없는 주민들이 대부분이다. 이에 비해 춘천 중도 유적은 공사를 강행하려는 당사자가 세계적인 기업인 레고다. 더욱이 이 뒤에는 강원도의 지방자치단체가 지원하고 있으며, 상당한 일자리 창출을 기대한 중앙정부에서도 추진해야 할 핵심 사업으로 여기고 있다 한다. 이런데도 풍납동 주민과 고고학계를 선악 구도인 것처럼 몰아야 할까? 그러고 보면 우리 사회의 언론도 말로만 힘없는 사람들을 위해 힘쓴다고 하면서도 막상 그런 문제가 걸리면 언제 그랬느냐 듯이 힘없는 사람만 매도하는 것 같다.

주민들의 말을 들어 보면 사정이 딱하다. 자세한 이야기는 뒤에 따로 하겠지만, 주민들로서는 법적으로 아무 문제없이 살고 있었는데, 어느 날 갑자기 중요한 유적이라고 땅과 집이 압수되는 상황을 당했다. 정말 중요한 유적이라고 해서 참고 살았는데, 20년이 되도록 그 사실을 확인시켜 준 것도 아니다. 정말 중요한 왕성이냐고 따져 보면 "앞으로 나올 것"이라는 말만 반복한다. 그러면서 압류된 땅 일부는 자기들 마음대로 건물이나 주차장 같은 것을 만들어서 자기들이 이용하거나 원래 주인 대신 세를 받아 간다는 것이 주민들의 하소연이다. 인현우 기자를 비롯해서 남의 일이라고 손가락질 하는 사람들 누구라도 같은 꼴을 당하면, 정작 자신들은 초연할 수 있을지도 의문이다.

사실 인현우 기자는 주민 측의 태도 역시 심각하게 왜곡시켜 보도했다. 그는 "풍납토성이 왕성이 아닐 것이라는 주장이 힘을 얻는 것은 사실상 이 지역에 사는 주민들의 경제적 이해가 걸려 있기 때문"이라면서 "알고 보니 애초에 이 행사를 주최한 단체가 사적지 지정 반대 소송을 준비하는 풍납동 주민단체"였고 "대부분 풍납동 주민들인 방청객이 이 소장(필자)의 발언 하나하나에 열렬히 박수를 보냈"고 장내 발언에서도 "이 소장의 말을 듣고 풍납토성은 왕성이 아니라는 사실을 깨달았다며 모든 논쟁이 끝난 것처럼 기뻐했다"라고 썼다.

이 기사가 위험한 것은 대부분이 팩트로 구성되어 있다는 것이다. 그러면서도 현장의 분위기와는 완전히 다른 인식을 가지도록 만들고 있다. 실제로 이 기사를 본 기자들이나 주변 사람들이 필자에게 연락해서 "분위기가 그렇게 험악했느냐"고 물어 왔다. 그만큼 주최 측에서 원하는 결론을 이끌어 내기 위해 분위기를 연출했다고 생각한 것이다.

그러나 사실은 완전히 다르다. 믿고 싶어 하지 않는 사람들에게 믿어 달라고 사정할 생각 없으니, 정확한 사실은 당시 상황을 촬영한 동영상으로 확인하시기 바란다. 대부분의 사람들이 상상하는 것과 달리, 필자에 대한 박수는 마지막에 두어 번 나왔을 뿐이고 이는 박순발 교수를 비롯한 반대 측의 발언에 대해 방해는 고사하고 영향조차 주기 어려운 것이었음을 확인할 수 있다.

그래도 기자의 일방적인 기사 때문에, 이 정도까지도 문제 삼을 것 같으니 심포지엄이 있기 이전부터 주최 측이 심혈을 기울였던 사실도 소개해야 할 것 같다. 아울러 다른 경우에서는 보통 어찌되는지와 비교해 보자.

풍납토성 개발 초기에는 실제로 주민 측에서 폭언·폭행을 한 사실이 있었다. 바로 이 때문에 20년 동안이나 주민들이 욕심에 눈 먼 사람들로 몰렸다. 그래서 심포지엄 이전부터 이런 역사를 되풀이하지 말자는 공감대가 형성되었다. 당일만 해도 주최 측이나 사회자가 여러 차례 이 점을 강조했다.

이 덕분에 이날 분위기는 웬만한 학회보다 점잖았던 편이다. 사실 학회에서도 마음에 들지 않는 내용이 발표되면, 야유와 고성 정도는 나온다. 이권이 걸려 있다 싶은 곳에서는 폭언·폭행도 볼 수 있다. 그런데 이날은 으레 있을 법한 야유 한마디가 나오지 않았다. 그런데도 기자의 기사 한 줄에 분위기까지 매도된 것이다.

더욱이 박순발 교수의 발표 내용을 보면 마지막에 박수를 친 이유도 달리 해석되어야 할 것 같다. 앞서 언급했듯이, 그의 발제문 대부분은 이날 논점과 큰 상관이 없는 내용으로 채워졌고, 성의 없는 발표에 많은 사람들이 분개하고 있는 상태였다. 이런 상태에서 주최 측이 야유도 하지 못하게 해놓았으니, 이들이 억울한 마음을 표현하는 길은 필자의 추궁에 박수를 치는 방법밖에 없었던 것이다. 그것이 마치 원하는 결론을 이끌어 내기 위해 험악한 분위기를 연출한 것처럼 호도되었던 셈이다.

결국 인현우 기자의 기사는 교묘하게 사실을 말하는 듯하면서도 기사를 읽는 독자들에게 왜곡된 시각을 가지게 만들었다. 이런 기사의 동기가, 내막을 모르는 기자의 앞뒤 가리지 못하는 편견 때문이기를 바란다. 그렇지 않으면 이 역시 학자의 탈을 쓴 사람들의 야비한 언론 플레이에 앞잡이 노릇한 결과가 될 테니까.

의미 없는 도로 발굴과 언론 플레이

풍납토성 관련 문제가 도마 위에 오르거나 반대로 잊을 만할 때 즈음이면, 되풀이되어 나타나는 현상이 있다. 뜬금없이 풍납토성에서 중요한 유물이나 유구가 발견되었다는 소식이 언론을 타는 일이다. 2015년 7월 심포지엄 때라고 다를 것은 없었다. 우연이라고 하기에는 너무나 절묘한 타이밍인 심포지엄이 열리기 직전의 날짜 7월 10일, "몽촌토성에서 발견된 도로는 백제왕성의 중심도로가 틀림없다"라는 박순발 교수의 인터뷰가 곁들여진 〈동아일보〉 기사가 떴다. 이 보도 내용을 접한 대부분의 사람들은 박순발 교수의 말처럼 몽촌토성과 풍납토성은 한성백제왕성이라는 점이 증명되었다고 생각할 것이다.

그런데 내막을 아는 필자로서는, 이런 보도를 접하고 황당하지 않을 수 없다. 비전문가들에게는 1,600년 전에 만들어진 20m의 도로가 대단한 것이고, 그래서 왕성에만 존재하는 도로였던 것으로 인식하게 보도해 놓았다. 하지만 폭 100m 내외의 주작대로가 발견되었다면 몰라도, 20m 정도의 도로라면 웬만한 성에서는 나오지 않는 것이 이상할 정도로 평범한 도로라고 보아야 할 것이다.

이런 도로가 굳이 왕성의 도로였다는 점을 증명하려면, 바둑판 모양으로 연결될 도로 자체를 따라 구획이 지어진 자리에 질서정연하게 지어진 집터들과 연결되어야 한다. 그러나 보도에 의하면 이번 발굴은 35m 정도에 불과하여 이런 내용을 확인할 수가 없다. 또 여러 개의 산줄기가 성 안으로 뻗어 들어와 있는 몽촌토성의 지형을 알면 이런 구획은 기대하기조차 어려운 상황이다.

그러니 박순발 교수가 이런 인터뷰를 했다면, 왕성 전문가라고 나설 기본적인 수준조차 없는 사람이라는 뜻이 된다. 물론 박순발 교수의 수준이 그 정도는 아니었다는 점이 심포지엄 당일 밝혀졌다. 필자는 당연히 언론에 황당한 기사가 난 점에 대해 따졌고, 박순발 교수는 반론하지 않았다. 더 나아가 도로의 방향성과 규칙성이 확인되지 않았음을 시사하기까지 했다. 박순발 교수 자신도 보도 내용과 달리 그 도로가 왕성의 증거가 되지 못한다는 점은 잘 알고 있었던 것이다.

그럼에도 불구하고 "백제왕성의 중심도로가 틀림없다"라는 보도가 나갔고, 이를 본 대부분의 사람들은 '이미 찾아 놓은 한성백제왕성을 두고 쓸데없이 시비를 건다'는 인상을 주게 만들어 놓은 셈이다. 사실 조금만 주의를 기울이면 이 보도에 여러 가지 의문점을 발견할 수 있다. 2014년에 발견했다는 도로의 기사가 왜 하필 심포지엄 직전에 보도되었는지부터 이상하다는 점은 쉽게 알 수 있을 것이다.

그리고 비슷한 일이 2016년 11월 14일에도 반복되었다. 이날 연합뉴

스에 박상현 기자 명의로 '문화재청 제공'이라는 취재원을 밝히고 '한성백제 비밀 풀리나 … 몽촌토성서 폭 13m 도로 유적(종합)'이라는 제목의 기사가 17시 44분 온라인에 올라왔다.

백제 한성도읍기의 유적인 몽촌토성(夢村土城·사적 제297호)이 풍납토성의 배후성이 아니라 풍납토성과 짝을 이루는 도성일 가능성을 보여 주는 대규모 도로 유적이 나왔다. 문화재청은 서울시 한성백제박물관이 몽촌토성의 북문 터 일원에서 발굴조사를 진행해 전체 폭이 13m에 달하는 도로 유적을 찾아냈다고 14일 밝혔다. 이 도로는 너비 9.7m의 중심도로 옆에 폭 2.7m의 길이 나란히 나 있는 것으로 확인됐다.

몽촌토성 안쪽에서 북문을 지나 바깥쪽까지 이어지는 이 도로는 백제가 처음 개설해 사용하다 한 차례 대대적으로 수리했고, 후대에는 고구려가 개축해 이용한 것으로 조사됐다. 이 길은 북문 바깥쪽에서 40m 정도 나아가다 풍납토성 방향인 북서쪽으로 휘어진다. 풍납토성은 몽촌토성에서 약 700m 떨어져 있는데, 이 도로가 두 성을 잇는 대로였던 것으로 보인다.

박중균 한성백제박물관 학예연구사는 "풍납토성에서 나오는 도로 유적의 폭이 보통 6~8m라는 점을 고려하면 몽촌토성 도로는 매우 넓다"며 "몽촌토성의 중심도로는 폭이 3m 정도 되는 도로를 양옆에 둔 1도(道) 3로(路) 형태였을 가능성이 크다"고 설명했다. 그는 "풍화토와 잡석, 점토를 섞어서 워낙 단단하게 다진 탓에 수레바퀴 흔적이 남지 않았다"면서 "여러모로 상당히 공들여 만든 도로로 판단된다"라고 덧붙였다.

대규모 도로 유적과 연결된 또 다른 도로 유적에서는 고구려가 길을 개축하면서 모서리를 둥글게 처리한 사각형인 말각방형(抹角方形) 회전 교차로를 설치한 것으로 조사됐다. 박중균 학예연구사는 "이미 1980년대 몽촌토성 발굴에서 고구려 토기가 많이 출토됐다"며 "이번 발굴 결과로 고구려가 몽촌토성을 함락시킨 뒤 철군한 것이 아니라 점유·활용했다는 주장이 힘을 얻게 됐다"라고 말했다.

이날 현장에서 진행된 학술자문회의 겸 설명회에 참석한 자문위원인 박순발 충남대 교수는 "이 도로가 고구려 때에 다시 쓰였는지는 오늘 조사 결과로는 확정 짓기 힘들다는 것이 위원들의 중론"이라며 추가 조사를 진행하기로 했다고 전했다. 박 교수는 "삼국시대 도성 내에서 도로가 확인된 것이 풍납토성의 2개 빼고는 없을 정도로 도성 내부 도로망은 중요하다"며 이 도로가 몽촌토성이 도성으로 사용된 것임을 알려주는 유적이라는 점을 강조했다. 단, "이런 도로망이 언제 정비됐는지를 규명하는 것이 시기적으로 풍납토성과 몽촌토성 중 어느 것이 먼저 왕궁으로 쓰였는지를 밝히는 데에 중요한 단서가 될 것"이라고 덧붙였다.

한성백제박물관이 2013년부터 조사하고 있는 몽촌토성은 1983년부터 1989년까지 서울대박물관, 숭실대박물관, 한양대박물관, 단국대박물관 등이 발굴조사를 벌여 백제 한성도읍기 도성으로 학계의 주목받았던 곳이다. 그러나 1990년대 풍납토성에서 백제 유물이 무더기로 쏟아지면서 풍납토성에 딸린 성으로 위상이 재조정됐다. 박물관 관계자는 "대규모 도로 유적이나 '관'자 토기 발견은 몽촌토성이 백제의 또 다른 도성이었음을 입증하는 유물이 될 수 있다"라고 평가했다.

이 내용 역시 "몽촌토성에서 도로가 발견되었으니 왕성일 가능성이 높아졌다"라는 메시지를 전하고 있음을 알아보기 어렵지 않다. 2015년 심포지엄에서 박순발 교수를 상대로 분명히 짚어 놓았음에도 불구하고 같은 메시지가 우악스럽다 할 정도로 반복해서 언론을 타고 있다는 뜻이다. 2014년에는 20m라더니, 이제 13m로 줄어들었는데도 "대규모 도로"라는 말이 반복되는 우악스러움 역시 변한 것이 없다.

그렇지만 적어도 몽촌토성에서 발견되는 도로는, 기본적으로 왕성과 관련지을 수 없다는 점은 분명하다. 고대국가 왕성의 도로라고 할 정도면, 기본적으로 도로가 질서정연하게 뚫려야 한다. 이 점만 알고 있어도 몽촌토성에서 왕성 도로가 발견될 수 없다는 점은 확실해진다. 몽촌토성의 지형 자체가 그런 도로를 용납하는 구조가 아닌 것이다. 이를 확인하기 위해 한성백제박물관에서 자기 손으로 만들어 놓은 몽촌토성의 모형을 참고해 보자.

한성백제박물관의 몽촌토성 모형

이 사진들에서 알 수 있듯이, 몽촌토성은 내부에 산줄기가 뻗쳐 있고 여기저기 구릉이 솟아 있는 지형이다. 이런 지형 안에서 질서 정연한 도로가 나오려야 나올 수가 없는 것이다. 이는 모형뿐 아니라 몽촌토성의 실제 지형을 보아도 쉽게 확인할 수 있다.

몽촌토성의 실제 지형

풍납토성은 차라리 평지니까, 기획도시 건설을 했을 가능성이라도 남겨 놓을 수는 있다. 하지만 이런 지형을 안고 있는 몽촌토성에서 왕성을 기획한다는 것은 원천적으로 불가능하다. 그럼에도 불구하고 이런 지역에 왕성의 도로가 발견되었다고 보도하는 것이 우리의 언론이다. 그리고 그 언론에 바로 이런 정보를 흘리고 있는 장본인들이 왕성 전문가 행세하고 있는 대한민국의 학자 분들이시다.

풍납토성에서 '왕의 처소'가 발견되었다?

이런 식의 황당한 언론 플레이는 '도로 발견'에만 그치는 것이 아니다. 2016년 1월 3일 〈경향신문〉에는 "항공사진으로 찾아낸 풍납토성 내 '왕의 처소' 터"와 "풍납토성 북쪽에 한성백제 '왕의 처소' 있다"라는 기사가 올라왔다. 그 내용을 요약해 보면 이렇다. 항공사진 판독을 활용한 '고지형(古地形) 분석' 연구가 풍납토성 유적 발굴에 활용되었다. 이 기술을 활용했다는 이홍종 고려대 고고미술사학과 교수는 풍납토성의 '경당' 위치에서 '왕의 처소로 추정되는 터'를 발견했다는 것이다.

보도에 나온 근거는 좀 간단하다. 풍납토성 내부는 크게 3개의 단으로 이루어져 있는데, "1단 서쪽부터 보면 동쪽보다 자연제방이 낮아 토목공사 때 평탄화 작업이 이뤄졌을 것으로 보이며, 이런 정황을 볼 때 왕의 처소가 있었을 가능성이 크다"라는 것이다. 어쨌든 강희은 서울시 역사문화재과장은 이를 확인하며 "고지형 분석을 활용해 풍납토성 등 한성백제의 역사성을 조기에 신속하게 규명할 수 있게 됐다"라고 말했다 한다.

이 기사 내용을 보면, 대부분의 사람들은 이른바 '경당지구'에서 '왕의 처소'가 발견되었으니 왕궁의 존재도 확인되었다고 생각하기 십상이다. 하지만 이 역시 좀 내막을 들여다보면 그게 그렇지가 않다. 우선 "경당 지구 안에 왕의 처소가 있다"라는 이야기부터 황당할 수밖에 없으니까.

이 지역은 발굴이 비교적 많이 진행된 지역이다. 그런데 《잃어버린 백제 첫 도읍지》에서부터 지적해 왔듯이, 여기서는 왕궁급 건물이 발견된 적이 없다. 그럼에도 불구하고 '왕의 처소'로 추정되는 곳이 발견되었다? 이게 도대체 뭐 하자는 소리일까? 이를 억지로 좋게 해석해주려는 측에서는 경당 지구 중 아직 제대로 발굴되지 않은 곳에서 '왕의 처소'로 추정되는 곳이 발견된 것 아니냐고 끼워 맞추려 할지 모르겠다.

하지만 이 조차도 말이 안 된다. '왕의 처소'라면 당연히 왕궁 중에서도 핵심 건물이다. 그러니 당연히 '왕의 처소'를 중심으로 왕궁급 건물이 배치되어 있어야 한다. 그럼에도 불구하고 '경당'이라고 하는 것 자체가 왕궁급 건물이 아닌 데다가, 주변에서 그런 급의 건물이 발견된 것도 없다. 설사 경당지구 전체가 왕궁이었다고 해도 한성백제는 후진국이었다는 결론을 내야 할 판이다. 그런데 주변에서 왕궁급 건물이 발견되지도 않은 곳에 백제왕의 처소가 있었다면 한성백제 꼴은 뭐가 되나?

당연히 이런 곳에 '왕의 처소'가 있을 수 있다는 추정 자체가 황당한 것이다. 항공사진 판독을 활용한 '고지형(古地形) 분석'이 얼마나 정교한 것인지는 필자의 분야가 아니라 모르겠다. 그러나 이런 기술이, 있을 수 없는 곳에서 '왕의 처소'를 발견할 재주가 있는 것은 아니다. 그러고 보면 굳이 "왕의 처소가 있었을 가능성이 크다"라는 식으로 가정과 상상을 동원한 문장을 쓴 이유가 분명해지는 것 같다.

그러고 보면 이 기사는 기껏해야 이홍종이라는 교수가, 자신은 항공사진 같은 것으로도 '왕의 처소' 같은 것을 찾아낼 능력이 있다고 자랑한 사실을 아무 생각 없이 보도한 데에 지나지 않는다. 그리고 그가 자랑한 능력은 보도된 것처럼 풍납토성의 실체를 밝히는 데 무슨 역할을 할 수 있는 것도 아니라는 점을 스스로 보여 준 셈이다. 사실 학자로서의 양심을 따진다면, 소속된 학교의 체면에까지 먹칠을 했다고 해야 할 판이다.

그런데도 서울시는 이런 사람의 주장을 근거로 "상반기 한성백제 전담팀 꾸려 유적 발굴 나설 것"이라 했다. 2016년 1월 3일, 서울시가 항공사진 판독 등을 활용한 '고지형(古地形) 분석' 연구를 통해 세계문화유산 등재를 추진 중인 송파구 풍납동 풍납토성 성곽 구조 및 왕의 처소·묘역 위치 등이 추정되었으니 이 방법을 통해 유적 발굴작업을 본격화한다고 발표했다. 이는 2015년 12월 서울시가 풍납토성을 2020년까지 세계문화유산으로 등재하겠다는 밝혔던 목표의 연장선상이다. 그래서 서울시는 2016년 상반기 문화본부 내 '한성백제팀'을 신설하고, 유적 발굴작업에도 박차를 가할 예정이라고 발표했던 것이다.

거짓말도 반복하면 믿는다

"거짓말도 반복하면 믿는다"라는 말은 나치 독일의 유명한 선동가 괴벨스의 명언(?)으로 알려져 있다. 나치 독일이나 그 집단의 선전·선동을 맡은 괴벨스 같은 인물에 대해서는 대부분은 좋은 소리를 하지 않으면서도, 돌아서서 그들의 수법을 충실하게 배워 써먹는 것이 우리 사회 지도층이다. 몽촌·풍납토성에서 발굴되는 도로 유적에 관한 언론보도는 그 전형이다.

우선 뻔히 지적되어 왔던 문제점에 대해서는 일언반구 언급조차 하지 않은 채, 결정적인 증거가 되지도 않는 내용을 들이밀어 놓고 "백제 왕성의 중심도로가 틀림없다"라는 식으로 결론지어 버리는 수법부터 변화가 없다. 100m 내외의 도로가 아니라 20m도 안 되는 도로라면 왕성 내지 도성 도로라고 단정 지을 수 없다는 사실은 알고 싶지 않은 가보다. 하긴 23평짜리도 대형 건물이라고 우길 수 있는 풍조에서 정상적인 논리 싸움이 될 것 같지도 않다.

더욱이 "삼국시대 도성 내에서 도로가 확인된 것이 풍납토성의 2개 빼고는 없을 정도로 도성 내부 도로망은 중요하다"라는 말은 명백히 사실과 다르다. 실제로는 이희준의 〈동궁과 월지 동편 신라왕경 유적의 조성 시기 및 성격 검토〉 등의 연구에서, 신라 왕성에서 발굴된 여러 개의 도로에 대한 논문이 활발하게 발표된 바 있다. 그러니 풍납토성에서만 도로 유적이 발견된 것처럼 몰아가는 것은 사실과 다르다는 이야기다. 그런데도 언론에 이런 말을 했다는 것은, 박순발 교수가 기본적인 정보도 확인하지 않았을 정도로 무책임했거나 자기주장을 위해 거짓말을 한 것 중 하나라고 볼 수밖에 없다.

단지 도로 유적이 희귀한 이유가 따로 있을 뿐이다. 앞에서 소개한 논문에서 밝혀져 있듯이, 남한에서 가장 확실한 왕성인 현재의 경주에서만 해도 대부분의 도로가 1990년대 이후에 발굴되었다. 이렇게 된 이유는 그동안 고고학계에서 도로 유적이 중요하다는 점을 그렇게 절감하지 못해서 발굴 사례가 적었기 때문이라고 한다. 그렇기 때문에 내막을 모르는 사람에게는 최근 발굴된 얼마 안 되는 도로만 보여주면서 박순발 교수처럼 몰아가면 넘어가기 십상이다.

그리고 "'관'자 토기 발견은 몽촌토성이 백제의 또 다른 도성이었음을 입증하는 유물이 될 수 있다고 평가했다"라는 점 역시 황당하기는 마찬가지다. 도대체 왕성에서만 '관'자 토기가 사용되었다는 근거가 무엇일까? 이에 대한 설명이 없는 상태에서, 밑도 끝도 없이 '관'자 토기가 나왔으니 몽촌토성은 백제의 도성이라고 몰아간 것이다.

알고 보면 이 역시 괴벨스 이론의 답습이다. 이전에도 풍납토성에서 '대부(大夫)'라는 글자가 새겨진 토기가 나온 적이 있다. 그때도 이 토기가 나왔으니 "풍납토성은 백제왕성이다"라는 식으로 몰아갔다. 물론 '대부(大夫)'라고 새겨진 토기가 나오면 그게 왜 왕성이라는 증거인지에 대해서는 한마디 설명도 없었다.

참고삼아 한 가지 더 얹어 놓자면, 백제 관직에는 '대부(大夫)'가 없다. 국내외 사서를 뒤져 보아도 백제에서 대부를 사용한 사례가 없다고 한다. 그러니 풍납토성에서 발견된 토기에 '대부'라는 글자가 있다고 해서 이를 백제 것이라고 볼 근거 자체가 안 되는 셈이다. 그럼에도 불구하고 풍납토성에서 발견되었다는 이유만으로 무조건 백제 토기이며, 백제에서 사용되었다고 간주하고 논지를 전개시키고 있는 것이다.

문동석의 〈풍납토성 출토 대부(大夫) 명(銘)에 대하여〉라는 논문이 대표적인 사례다. 문동석은 이 논문에서 대부라는 글자가 새겨진 토기를 개로왕 때라고 추정한 다음, 중국·일본의 사례를 참조하여 개로왕 때 제의(祭儀)를 맡은 관직이라고 결론을 내려놓았다. 물론 이는 자신이 결론에서 스스로 인정했듯이, "무리한 해석이라 억측을 피할 수 없었던" 추정에 불과한 것이다.

이렇다 보니 대부가 고조선-마한 계통의 관직이라는 점은 언급조차 하지 못하는 경향이 있다. 보기에 따라서는 풍납토성이 백제보다 마한과 더 가깝다고 볼 근거가 될 수도 있지만, 철저하게 외면 받고 있다는 뜻이다. 몽촌·풍납토성을 왕성으로 만들어 내기 급급한 측에서야 그런 측면은 보고 싶어 하지 않을 테지만.

사실 학계에서 언론을 이용하여 이런 일을 벌인 것이 한두 번도 아니다. 폐우물터를 발굴해놓고 '대형목탑터'라도 보도해 버린 일은 아는 사람 다 아는 사실이다. 나중에 도저히 우길 상황이 되지 못하자, 언론에 폐우물 터라는 기사를 조그맣게 내보내며 오류를 덮었다. 그 바람에 아직도 풍납토성에서 대형 목탑 터가 발굴되었다고 아는 사람이 많다. 이렇게 해놓고 나중에는 이 우물을 '어정(御井)'이라 '추정'한다고 말을 바꾸고 있다.

이보다 더한 것이 2010년 "풍납토성 내부에서 왕궁 혹은 그 부속건물이 있었음을 입증하는 적심시설(積心施設)과 초석 건물지가 발견되었다"라는 보도가 나간 것이다. 이는 《잃어버린 백제 첫 도읍지》에서 "대형 초석이 발견되지 않았다"라는 비판을 하자, 이에 대한 반증을 찾았다고 언론을 이용한 경우라 할 수 있다.

물론 이것도 내막을 알고 보면 황당하다. 돌아가신 공저자 강찬석 선생께서 발표가 되자마자 확인한 바 있다. 초석의 크기부터가 50cm에 불과했고, 그것도 딸랑 하나밖에 나오지 않았다. 더욱이 적심시설이라는 것 자체가 왕궁급 건물에 적합한 건축 기술이라고 할 수 없다고 한다. 구덩이를 파고 기둥을 묻는 '굴립식'과 비슷한데, 단지 구덩이 안에 돌을 깔아 놓은 방식이라는 것이다. 그런데 이때 깔아 놓은 돌이 '콩자갈'이라고 표현되는 작은 자갈이라 한다. 이것은 1~2m에 달하는 거대 기둥의 초석으로 쓰이는 형태가 아니다. 그리고 이런 점을 학술 발표를 통해 알려 주었다.

물론 이런 내용은 언론에서 제대로 다루어 주지 않고 그냥 묻어 버렸다. 이것이 무슨 뜻일까? 점잖은 학자들이라는 이미지와 달리, 풍납토성을 백제왕성이라고 주장하는 일부 학자들은 뻔한 거짓말이나, 아무리 좋게 생각한다 해도 확인되지 않은 사실을 언론에 흘려 여론을 조작해 왔다는 뜻이다. 그리고 이런 정보를 보도한 언론에서는 반증에 대해 관심조차 갖지 않았다. 이를 야비한 언론 플레이라고 부르는 것이 지나친 말일까? 그리고 이번에도 이전부터 써왔던 바로 그 수법을 그대로 쓴 것이다.

이와 같이 아무 유물·유구나 '왕성의 증거'라고 들이미는 버릇은 몇 년이 지나도 고쳐지지 않는다. 이것이 신형준이 그렇게 떠받들어 마지않는 우리나라 '한성백제왕성 전문가'들의 실체인 것이다. 이런 행태를 보면, 이들은 '학자'라기보다 괴벨스 같은 정치꾼·선동가에 가까운 것 같다. 학자라는 사람들이 왜 이런 짓까지 할까? 어느 언론은 풍납토성이 한성백제왕성이 아니라는 주장의 이면에 흑막이 있다고 보도했지만, 한성백제왕성으로 몰고 가려는 이면에는 이보다 훨씬 더 괴기스러운 흑막이 있음을 시사하고 있다.

7장

이적질

학술 문제도 편 가르기로

학술 문제는 근거와 논리로 승부가 나야 한다. 사실 이런 말은 할 필요가 없어야 하지만, 우리 사회는 자꾸 당연한 원칙을 확인하게 만든다. 뒤집어 말하자면 그만큼 원칙이 무시되고 있다는 뜻이기도 하다. 이렇다 보니 근거와 논리는 외면한 채, 자기주장을 지지하면 좋은 편이고 반대하면 '나쁜 사람'으로 몰아가기 십상이다. 이러니 한성백제 왕성 여부를 가리는 학술 세미나조차도 반대할 사람 빼고 끼리끼리 해치우는 풍조가 되었을 것이다.

그런데 이런 식의 풍조가 자리 잡히다 보면 스스로 발목을 잡는 일도 벌어질 수 있다. 단순히 자기주장을 지지한다는 이유만으로 반기다 보면, 황당한 근거와 논리를 대는 사람까지 마다하지 않기 십상이다. 그리고 이런 논리가 상대측에 반격의 빌미를 주기 쉽다. 홍용진 같이 근거가 되지 않는 서양의 사례를 갖다 붙여 상대를 매도하는 경우가 이에 해당한다.

이를 뒤집어 보면 근거와 논리를 갖추지 못하고 자신을 지지해 주는 것이 그리 달갑기만 한 것도 아니라는 뜻이 된다. 사실 황당한 논리로 비슷한 주장을 늘어놓는 사람은 멀쩡한 논리까지 매도당하게 만든다. 이를 악용한 사례 중 하나가 앞서 소개한 심광주의 경우다. 그런데 더 나쁜 짓은 바로 그런 행각에 빌미를 제공해 주는 것이다. 이제부터 바로 그런 이야기를 해볼까 한다.

천왕사 탑은 모두 백제 목탑?

그러한 사례 중 하나가 확인되지도 않은 유적과 유물을 근거라고 제시하는 것이다. 한성백제왕성에 대한 논란이 일면서, 풍납토성의 대안을 제시하며 엉뚱한 근거를 들이대는 수가 있다. 그 바람에 오히려 풍납토성에 대한 시비가 불순한 동기로 공연한 트집을 잡는 행각으로 몰리는 경향이 생겼다.

그러한 사례의 첫 번째가 천왕사 터의 목탑 흔적에 대한 것이다. 이에 관한 이야기를 하기 위해서는 이전 책인《잃어버린 백제 첫 도읍지》에서 했던 이야기부터 간략하게 해둘 필요가 있겠다. 남한산성의 북문 터 쪽 하사창동이라는 마을에 천왕사라는 절이 있었다. 이 사실은 강찬석 선생과 같이 조사 다니던 일행들에 의해 세상에 알려졌다 한다. 현재 밭으로 변한 이곳에서 목탑의 심초석이 발견되었다. 이 심초석이 발견되고 난 후 천왕사 터의 중요성이 부각되었고, 강찬석 선생의 강력한 주장으로 시험발굴을 진행시켰다.

발굴을 통해 자연스럽게 목탑 터가 나왔는데, 그 과정에서 의외의 발견이 있었다. 처음에 확인했던 목탑의 심초석과 관련된 목탑 터 아래쪽에 또 하나의 탑 터가 있었다는 것이다. 쉽게 말해서 비슷한 장소에 시차를 두어 두 개의 탑이 세워졌을 것으로 보였다는 이야기다. 그래서 이 책에서는 앞서 소개했던 것처럼, 아래쪽 탑 터가 시기적으로 한성백제 시기에 세워졌을 가능성이 크니 조사해 보아야 한다는 취지의 내용을 담았다.

그런데 한종섭 등은 바로 이 목탑 터를 두고 이해가 가지 않는 방향으로 이끌고 있다. 두 개의 목탑 터가 모두 한성백제의 것이라고 몰아가고 있는 것이다. 그래서 심광주 같은 이가 이를 빌미로, 하남시에 한성백제왕성이 있었을 가능성을 제시한 측을 싸잡아 비난을 퍼부은 바 있다.

그 핵심 논리 중 하나가 바로 이 목탑 터를 두고 나온다. 처음에 발견한 목탑의 심초석은 신라의 특징이 뚜렷하게 나오기 때문이다. 심초석 가운데 사리공이 뚫려 있었고, 주좌는 없이 윗면은 매끈하게 손질되어 있는 점이 경주의 사천왕사 목탑의 심초석과 너무나 닮아 있다는 점이 바로 그것이다.

좀 더 구체적으로 설명들은 바는 이렇다. 신라에서는 초석을 쓸 때 돌의 둘레를 네모지게 깎아 쓰는 경향이 있었다. 반면 백제에서는 돌을 다듬지 않고 그대로 사용하는 경향이 있었다는 것이다. 그래서 초석을 기준으로 건물을 구별할 때에는 바로 이 점을 주목한다는 것이 건축학자 강찬석 선생의 설명이다. 이를 알고 보면 천왕사 터에서 처

천왕사 터에 있는 상부목탑의 심초석

천왕사 상부목탑 사리공

음 발견된 심초석은 신라의 것이라는 점이 분명하다고 한다.

그런데도 한종섭 등은 이런 내용을 무시하고 둘 다 백제 것이라는 식으로 몰아가고 있다. 이 때문에 심광주 같은 이들에게, 같은 주장을 하지도 않은 사람들까지 싸잡아 몰아갈 빌미를 제공해 준 셈이다. 그래서 현재 고고학계와 고대사학계 기득권층은 이들 신라 것을 백제 것이라고 우기며, 엉터리 근거로 엉뚱한 곳을 한성백제왕성으로 지목하는 대표적인 사례로 몰아가고 있다.

이 때문에 정작 강찬석 선생의 주장까지 도매금으로 몰려 버리는 결과를 가져왔다. 거듭 밝히지만, 강찬석 선생의 주장은 처음 발견된 위쪽 목탑의 심초석이 아니라, 그 아래에서 강 선생이 직접 목격했다는 목탑 터를 주목하자는 것이다. 그것도 아래 발견된 의문으로 돌이 초석이라고 잘라 말하지도 않았다. 또 하나의 목탑 터를 자신이 목격했으니, 이왕 존재를 확인한 곳을 철저하게 재확인해야 한다는 차원의 주장이었던 것이다.

천왕사 터 하부목탑의 심초석으로 추정되는 초석: 《천왕사 시굴보고서》에서 인용

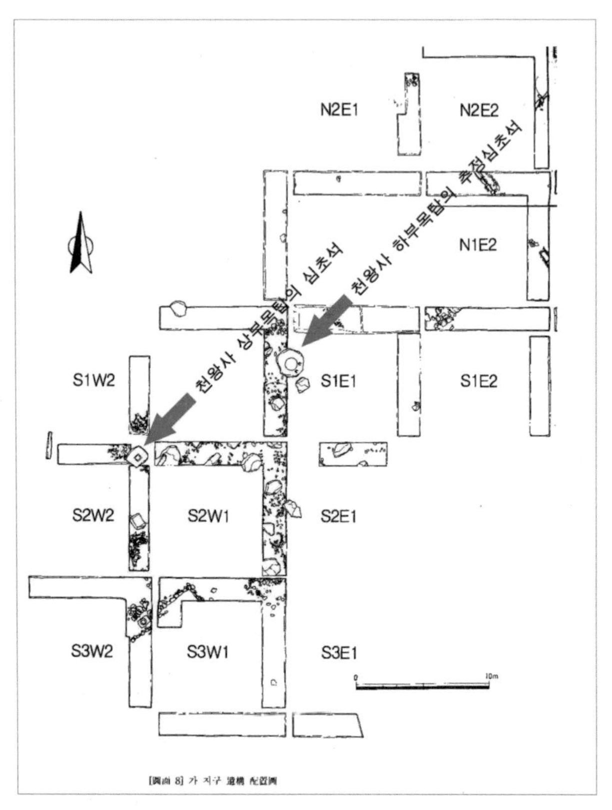

천왕사 목탑 터 시굴 실측도

그런데도 강찬석 선생이 제공한 사진 등의 자료를 그대로 이용하여, 황당한 주장을 하는 바람에 한성백제왕성에 관한 논란이 이상한 프레임으로 몰리는 데 단단히 한 몫을 한 셈이다. 그리고 이런 주장에 아직도 많은 사람들이 놀아나며 이적질에 가담하고 있는 것 같다.

증명되지 않은 교산동 토성

또 한 가지 문제점은 확인되지도 않은 곳을 가지고, 결정적인 근거가 되는 유적으로 소개하는 경우이다. 사실 대한민국에서 내로라하는 고고학자분들께서 나오지도 않은 유물과 유구를 가지고 풍납토성이 한성백제왕성이라는 근거로 내밀고 있는 것이 현실이다. 그러니 아마추어들도 이런 행각을 벌이는 현실이 이상할 것 없을지도 모르겠다. 하지만 현실이 그렇다고 해서 확인도 안 된 것을 결정적인 근거라고 우기는 꼴을 방치할 수는 없는 노릇이다.

그런 중 대표적인 사례가 이른바 교산리(校山里) 일대의 '토성(土城)'이라는 것이다. 풍납토성이 한성백제왕성이라는 논리를 비판하는 측 일부 인사들 중에는, 이곳을 한성백제왕성을 둘러싸고 있던 토성이라고 주장하는 경우가 있다. 오순제가 《한성백제사》라는 책에서, 한종섭이 《위례성백제사 1·2》에서 이와 같이 주장하고 있다. 즉 교산리에 토성(土城)이 있다고 간주하고 논리를 전개하고 있는 것이다.

그 내용도 아주 구체적이다. 한종섭의 《위례성백제사》 303쪽에서는 다음과 같이 말한다.

> 성(城)의 위치는 경기도 하남시 교산동이며 동쪽에는 주변에서 제일 높은 검단산이 위치해 있으며, 남쪽으로는 청량산, 서쪽에는 금암산과 이성산으로, 북으로는 한강이 흐르는 천혜의 요새로서 지정학적으로도 평가되었던 곳이다.

일부 향토사학자를 중심으로 토성이라는 주장이 나오는 교산동 지역

토성의 규모는 정확히 측정되지 않았지만 모양은 마름모 꼴이며 남북의 길이가 약 1.5km, 동서의 폭이 약 1km로 예측되며 내부 면적은 약 45만 평 조금 넘게 추산되는 곳이다.

이 내용을 보면 지정학적으로 중요한 하남시 교산동에 토성이 자리 잡고 있는 점이 확인되었다고 생각하기 십상이다. 이뿐만이 아니다.

자연적인 면에서 동쪽에는 객산(客山)이 남북으로 벽을 이루고, 남쪽은 개간 줄기를 이용하여 토축을 인위적으로 형성한 구간이 많은 편이다. 서쪽은 평지에 줄지어선 야산을 이용하였고, 외부에는 남한산 일대에서 흘러내리는 덕풍천이 흐르며, 복쪽에는 객산 일대에서 흘러내리는 하천과 일부 구릉지를 이용하여 방어시설을 마련하였던 것으로 추측되었다. 지극히 자연을 최대한 이용했던 것으로 식별하기 쉬운 토루는 남쪽 부분이며 그 이외는 삭토(削土)를 했거나 성토(盛土)했던 부분을 띄엄띄엄 확인할 수 있었다.

해자 역할을 했다고 추정되는 덕풍천

이처럼 아예 왕성의 구체적인 형태까지 묘사하고 있다. 이렇게 단정적인 묘사에 "확인할 수 있었다"라는 문장까지 보이면, 대부분의 사람들은 이곳이 확인된 유적인줄 알 것이다. 하지만 문제는 이것이 진짜 토성(土城)인지조차 확인한 바가 없다는 점이다. 즉 발굴 등으로 확인되지도 않은 곳을 토성이라 간주하고 논리가 전개되고 있다는 것이다. 이는 오순제의 "하남시 고골의 객산 서남쪽 모서리에 왕궁터가 남아 있다"라는 주장이나, "교산동 토성에서 남한산성으로 이어지는 산줄기마다 길을 차단할 수 있는 토문이 있다"라는 한종섭의 논리로 연결된다.

이렇게 주장이 분명한 데 비해 납득할 만한 근거는 없다. 제시된 근거라고 해봐야 "이 지역에서 발굴되는 건물 터의 수준이 매우 고급스러운 것"이라는 정도다. 그리고 왕성의 구조와 왕성 건설의 배경에 대한 이야기만 장황하게 늘어놓았다. 이런 내용이 확실한 근거가 될 수는 없다. 무엇보다도 이 건물이 한성백제왕성과 관련되어 있다는 확실한 물증이 제시되지 못하고 있기 때문이다.

건물을 통해 이곳이 한성백제왕성이었음을 증명하려면 발굴된 건물이 왕궁과 관련이 있다는 점을 확인해야 한다. 그리고 이것이 한성백제 시기에 지어졌다는 점까지 증명해야 공인을 받을 수 있다. 하지만 이것이 확실하지 않다. 초석과 초석의 사이가 2.67m로 삼국시대 한 자의 단위가 26.7cm이라 10자에 해당한다는 아라이 히로시의 지적 같은 것은 물론 확실한 근거라 할 수 없다. 심지어 백제 이후에도 이런 단위를 이용한 건물이 세워지지 않았다는 보장 같은 것은 없기 때문이다. 그러니 이런 건물이 신라나 고려 때에 세워진 것이라고 몰아갈 경우에 대해 효과적인 반박이 되지 못한다.

물론 상당수의 건물 터가 신라 또는 고려 때 세워진 것인지에 대한 조사도 제대로 되지 않은 것으로 알고 있다. 그러고 보면 이 분야에서는 확인할 생각보다 자기가 원하는 주장을 하는 것을 더 중요하게 여긴다는 점만 확인할 수 있을 것 같다. 이런 식이라면 풍납토성에서 나온 일부 건물 터를 가지고 왕성으로 몰고 가는 것과 크게 다를 것 없지 않느냐는 말도 나올 수 있다.

물론 건물 터를 조사해서 시기가 확인되었다면 이야기가 좀 달라질 수는 있다. 한종섭은《위례성 백제사 2》의 110~111쪽에서, 교산동 건물 터에서 나무를 옮기며 생긴 구덩이를 조사하여, 이곳이 백제 시대에 지어진 건물이었음을 확인했다고 주장한 바 있다. 그런데 이 자료가 공인받을 수 있는 것이라면 발굴보고서를 좀 더 구체적으로 소개해야 했다. 물론 이것만으로 증명되는 것도 아니다.

이 건물이 '터의 층위(層位)와 같은 시기'에 지어졌음도 증명해야 한다. 옛날부터 퇴적물이 쌓여 있던 곳에 초석을 갖다 놓고 건물을 지었을 가능성도 완전히 배제할 수 없기 때문이다. 이와 함께, 건물 자체도 한성백제왕성에서만 나올 수 있는 것임을 논증해야 한다. 그런 과정이 부실하니 인정을 받지 못하게 되는 것이다. 또 이것이 증명된다 해도 교산동 토성 자체를 조사해서 이것이 토성이었음을 밝히는 과정이 없으면, 이 또한 단순한 주장 이상의 것이 될 수 없다.

따라서 이런 논리를 바탕으로 하남 지역에서 해자(垓子), 내성(內城),

궁궐의 정원 등을 추정해 낸 것은 말 그대로 추정 이상의 의미를 갖지 못한다. 물론 나중에 한성백제 시기에 만들어진 토성과 건물 터의 존재가 밝혀진 다음에는 이런 주장들이 의미를 가질지는 모르겠다. 하지만 당장은 "확인되지도 않은 토성을 바탕으로 엉뚱한 곳을 왕성으로 지목한다"라는 비난을 피할 수는 없다.

당장 신희권이 《한성백제왕궁은 어디에 있었나》라는 책 110쪽에서 이에 관련된 비판을 적어 놓았다. 그는 1999~2000년 기전문화재 연구원의 시굴조사를 인용하여, 이 지역에 백제왕성 건물이 있었다는 한종섭 등의 주장이 허구라고 했다. 이 건물 터가 9~12세기, 지방 호족 왕규와 15~17세기 조선 광주 분원과 관련된 유적이라는 것이다. 가장 연대가 앞선 유적도 신라 통일기의 것이라 한다. 결론적으로 교산동 토성은 그 실체가 분명하지 않은 데다, 시굴조사 결과 이곳 건물 터 역시 백제와 관련이 없다는 것이다.

현실적으로 이렇게 몰리기 때문에, 기득권을 가진 고고학자들이 근거가 되지도 않는 것들을 제멋대로 갖다 붙이거나 공공기관이 박물관에서 나오지도 않는 왕궁을 근거로 한성백제왕성을 조작해 냈다는 비난을 하기도 어려워진다. 어차피 확인되지 않는 유물이나 유적을 가지고, 자기 원하는 곳을 한성백제왕성으로 몰아가기는 마찬가지 아니냐는 지적을 피할 길이 없어지기 때문이다. 이러니 "풍납토성은 한성백제왕성이 아니다"라고 주장한다 해서, 그런 맥락의 주장 중 근거와 논리가 뒷받침되지 않는 내용까지 무조건 받아들여 주기가 곤란하다는 것이다.

현재의 이성산성 성벽도 백제가 쌓았다?

또 한 가지 확실하지도 않은 근거를 활용하는 사례 하나가 이성산성이다. 남한산으로부터 북쪽 한강으로 이어지는 산자락 중 하나가 이성산이다. 이 지역이 백제 한산으로 추정되기도 하고, 한강 지역 방어에 전략 거점이기도 하기 때문에 그동안 한성백제왕성과 관련되어서도 주목받아 왔다. 바로 이 지역에 돌로 쌓아올린 이성산성이 있다.

그런데 오순제는 《한성백제사》 61쪽에서 "한성별궁을 이성산성 안의 건물 터로 본다"라고 밝혔다. 근거는 8각·9각·12각 건물 터이다. 그리고 64쪽에서 비슷한 곳에 있는 장방형 건물을 왕과 왕비의 침전(寢殿)으로 추정했다. 여기에 건물의 주초석 가운데 신앙석이 세워져 있고, 침괘정에 고구려식 온돌이 있다는 점도 추가되었다. 한종섭은 《위례성 백제사 2》 215쪽에서 "최근 발굴에서는 양심 있는 학자로부터 백제 시대의 성이라는 견해가 나왔다"라는 말도 덧붙였다.

이러한 주장은 현재의 이성산성이 한성백제가 쌓은 것이라고 여기게 하기 충분하다. 사실 이성산성이 서쪽으로는 몽촌, 풍납의 토성들이 강 건너 아차산성과 함께 한강변의 구조 방어거점을 형성하는 구조라 한성백제시대에도 중요한 거점 역할을 했을 것이라는 발상은 충분히 할 법하다.

하지만 정황이 그렇다고 해도, 이성산성의 유적을 한성백제 것이라고 잘라 말하기 위해서는 그에 걸맞은 근거가 필요하다. 그렇지 않다면 아무것이나 갖다 붙여 풍납토성을 한성백제왕성으로 만들어 내는 것과 별 차이가 없다. 그러니 이런 행위 역시 진짜 한성백제왕성을 찾는 노력까지도 '불순한 의도'로 몰리게 하는 빌미가 될 수밖에 없을 것이다.

이런 말을 꺼내야 하는 이유는 분명하다. 처음에는 이곳이 백제산성이라는 기대를 받아왔으나, 1986년 발굴을 시작한 초기에는 신라 유물이 대거 나왔고 초기 발굴한 성벽 역시 신라식이라는 점이 밝혀졌다. 아직도 모든 논란이 마무리된 것은 아니지만, 적어도 현재 발견된 유적 대부분은 신라가 만들었다는 점은 인정받고 있다.

그렇기 때문에 현재 드러난 이성산성을 백제 것이라고 주장하기에는 무리가 있다는 것이다. 그럼에도 불구하고 현재의 이성산성 자체를 백제 유적으로 몰아간다면, 명백한 사실까지 무시하며 이 지역을 한성백제왕성으로 만들려 하는 것 아니냐는 손가락질을 받을 수밖에 없다. 실제로 하남문화원을 중심으로, 현재의 이성산성을 백제성으로 몰아가려는 움직임이 있다.

이러한 움직임 때문에, 다른 차원에서 따져 보아야 하는 진짜 문제까지 매도당하게 하기 십상이다. 여기서 말하고자 하는 진짜 문제는 이것이다. 현재까지 발견된 유적과 유물 대다수가 신라 것임에도 불구하고, 아직도 한성백제와의 관련성을 무시하지 못하는 이유가 있다는 점이다.

잘 알려져 있듯이, 한성백제는 파란만장한 역사를 겪었다. 백제가 한성 지역에 터를 잡고 나라를 세웠지만, 고구려에 점령당했고 다시 수복한 지 얼마 되지 않아 신라에게 다시 이 지역을 빼앗겼던 것이다.

이렇게 파란만장한 역사를 겪으면서 한성백제 때에 만들어 놓은 유적과 유물이 온전할 리 없다. 이러한 역사를 감안해 보면 이성산성 지역에서도 초기에 발굴한 위쪽에서는 신라 유물 위주로 나오는 것이 당연하다.

물론 이는 정황일 뿐이니, 이것만 가지고 이성산성과 한성백제를 바로 연결시킬 수는 없다. 하지만 2000년에 백제 토기가 발견되면서 이런 가능성이 쓸데없는 상상이 아니라는 점이 드러났다. 이때 발간된 《이성산성 8차 발굴보고서》에서 "이성산성 출토 토기 기종 가운데 태토, 문양, 기형, 색조, 제작 수법 등에서 삼국시대 전기 후반의 토기 특징을 보여 주는 것들이 일부 확인되고 있다"라고 하여 사실상 백제 토기를 발견했음이 확인된 것이다.

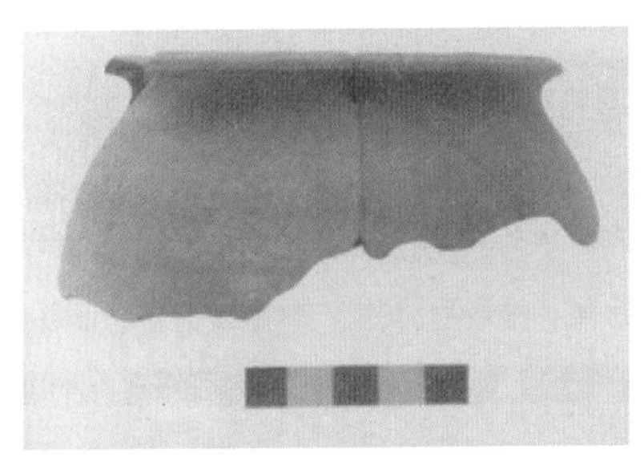

이성산성에서 나온 백제 토기 파편

그리고 성벽 역시 조사가 진행되면서 주목할 만한 사실이 발견되었다. 이성산성의 성벽도 한 번에 쌓여진 것이 아니라 원래 있던 성벽에 덧씌워진 것이며, 적어도 3개의 성벽이 있고 맨 처음 쌓은 성벽의 건축 방식은 나중에 쌓인 것들과 다르다는 점이 밝혀졌다. 아래의 사진이 이른바 '처음 쌓여진 성벽'과 다른 성벽의 차이를 보여 준다.

절개 이후 남쪽 성벽의 모습

초축 성벽이 노출된 모습

2차 성벽 사진(여기까지의 성벽 사진은 이성산성 8차 발굴보고서에서 인용)

초기에 쌓은 이성산성의 성벽

그리고 바로 이 성벽에서 백제 토기가 나온 것이다. 바로 이 백제 토기의 존재는 이성산성 자체가 백제와 깊은 관계가 있음을 보여 줄 수 있다. 나중에 신라가 이성산성을 차지하고, 한성백제의 성터를 기반으로 보강했을 가능성이 생긴 셈이다. 이것이 신라 유적 밑에 깔려 있는 백제 유적의 가능성을 시사해 줄 수 있다.

하지만 이것은 아직 가능성일 뿐이다. 백제 토기가 일부 나왔다고 해서, 이 자체만 가지고 여기가 한성백제왕성이었다는 증거가 되는 것은 아니다. 아직은 다른 이유로 소수의 백제 토기가 묻혀 있었을 가능성을 완전히 배제하기 어렵기 때문이다. 성벽 역시 마찬가지다. 아직은 처음 쌓은 성벽이 한성백제의 것이라고 확실하게 주장할 만한 근거를 확인하지 않은 것으로 알고 있다. 8각·9각·12각 건물 역시 반론이 있어 확인할 부분이 남아 있는 것으로 안다. 그러니 최근 발견된 백제 토기 등도, 이성산성이 한성백제와 연결될 가능성을 열어 주었다는 차원의 근거에서 만족할 수밖에 없다. 단지 앞으로 확인하는 작업을 추진해야 할 명분 역할은 할 수 있을 정도다.

그럼에도 불구하고 "최근 발굴에서는 양심 있는 학자로부터 백제 시대의 성이라는 견해가 나왔다"라는 식으로 몰아간다면 부작용을 불러일으키는 꼴이다. 사실 정말 양심적인 학자라면 확인되지 않은 사실로 결론 내리는 것 자체를 꺼린다. 이성산성이 한성백제와 관련이 있다는 점도, 최근 발견한 백제 토기 등의 유물과 유적으로 조심스럽게 가능성을 타진해 보는 것이 바로 그 '양심 있는 학자'들이 보여 주는 태도다. 필자가 아는 한, 그런 사람들은 내심 이성산성의 기반이 백제성이라고 생각할지는 몰라도 공식적으로 잘라 말하지는 않는다. 기껏 강한 주장을 한다고 해야, 백제 토기 등의 발견을 묻어 버리며 완전히 신라와만 연결시키려는 태도를 비판하는 정도다. 이 점은 필자가 강찬석 선생과 공저로 낸《잃어버린 백제 첫 도읍지》에서 보이는 태도이기도 하다.

그런데도 한종섭 등은 지금까지 발견된 근거를 뛰어넘는 증거도 제시하지 않으면서, 말을 뭉뚱그려 마치 '양심 있는 학자'들이 이성산성을 한성백제왕성이라고 확인해 준 것처럼 몰아가고 있는 것이다. 이 때문에 오히려 신중하게 가능성을 확인해 보려는 사람들의 의도까지 '불순한' 것으로 몰리며, 확인 작업까지 어렵게 되고 있는 셈이다.

범죄나 다름없는 거짓말을 해놓고, 이를 묻어 버리려는 측이 흔히 쓰는 수법이 있다. 그중 하나가 이른바 '프레임 전환'이라는 것이다. 최근 탄핵 정국에서 유행하고 있듯이, 권력층의 비리를 담은 문서가 나와 범죄가 드러나면, 그 범죄에 대해 조사할 생각은 하지 않고 '기밀유출'을 문제 삼아 사실을 세상에 알린 사람만 처벌하고 범죄 자체는 덮어 버리는 수법 같은 것이 이에 해당한다. 이런 수법을 쓰려는 측에서는, 상대측의 거짓말이나 황당한 주장은 고마울 정도의 빌미가 된다. 자기들의 거짓말을 묻어 버리는 데에 상대의 거짓말만큼 좋은 명분도 없는 것이다.

풍납토성 관련 시비라고 다를 것은 없다. "풍납토성은 한성백제왕성이 아니다"라고 주장하는 측의 일부 인사들이 황당한 주장이나 거짓말을 하면, 이것이 그렇지 않아도 '프레임 전환'거리를 찾는 데 눈이 새빨개져 있는 쪽에 악용되지 않을 리가 없다. 황당한 주장이나 거짓말을 하지 않은 사람까지도 도매금으로 몰릴 빌미가 되는 것이다. 앞서 보여드렸듯이 심광주 등의 행태가 바로 이에 해당한다. 이런 사정을 알고 보면 "풍납토성은 한성백제왕성이 아니다"라는 점에 공감대를 가지고 있다 하더라도, 일부 인사들을 이른바 'X맨'으로 여기는 이유가 이해될 것이다.

8장
공공기관의 공공연한 횡포

공공기관도 사기 행각 벌일 수 있다!

많은 사람들이 신뢰를 기반으로 삼아야 할 공공기관이 대놓고 거짓말을 만들어 내는 현상을 믿고 싶어 하지 않는 경향이 있다. 그렇다 보니 이러한 경향을 노골적으로 악용하는 경우도 나타난다. 국가의 권위를 등에 업고 있는 공공기관이 "설마 자기 분야를 악용해서 국민들 등쳐 먹기야 하겠느냐"는 편견을 이용하여 남의 재산까지 갈취하려는 행각을 벌이기도 하는 것이다.

풍납토성과 관련되어 벌인 송파구청과 그 뒤에 있는 문화재청의 행각이 그 대표적인 사례라 할 수 있다. 이 지역을 사적지로 지정하여 문화재를 보존하겠다는 공공기관과 그로 인해 피해를 보게 된 주민들 사이에 그동안 갈등이 있었다는 점은 이미 잘 알려진 사실이다. 그렇지만 그 양상에 알려지지 않은 측면이 있다는 점을 아는 사람은 많지 않다. 이러던 와중에 송파구청장이 풍납토성 복원 및 정비 사업을 하겠다는 명분으로 이 지역의 땅을 '수용'하겠다고 사업공고를 내는 일이 잇달았다. 쉽게 말해서 송파구청장이 "풍납토성을 복원·정비할 사업을 해야겠으니, 땅 주인에게 가지고 있는 땅을 헐값에 내놓고 떠나라"고 한 것이다.

이런 요구를 받은 땅 주인의 입장에서는, 가지고 있는 땅과 함께 그 땅에 지어 놓은 건물까지 내놓아야 하는 상황에 처한 셈이다. 그 건물 중에는 20층 건물에 해당하는 시설 등이 포함되어 있다. 이런 꼴을 당하면 얼마나 난처해질지 짐작이 가고도 남음이 있을 것이다. 송파구청의 요구대로 하자면, 개인은 말할 것도 없고 회사 같은 경우는 특히 난감해진다. 새로 건물 지을 땅을 마련해야 하니 비용도 만만치 않을 뿐 아니라, 운영에도 상당한 차질을 빚을 수 있다. 이러니 소송을 거는 일이 많을 수밖에 없다.

여기까지만 보면, 대부분의 사람들은 유감스러운 일이기는 하지만, 문화재 보호는 국가적 차원에서 추진하는 중요 사업이니 주민 측에서

20층 높이 건물에 해당하는 공장시설

희생을 감수해야 한다고 보기 십상이다. 실제로 일부 언론에서는 이런 측면을 집중적으로 부각시켰고, 이에 따라 여론도 그들이 주도하는 대로 형성되었다. 보통은 이런 식으로 힘없는 개인이나 중소기업은 희생되는 경우가 많다.

내막을 알고 보면 풍납동의 경우는 '단순한 문화재 복원 사업이 아닌' 사례다. 그럼에도 불구하고 내막을 알고 있는 사람이 많지 않다는 점을 악용하면, 송파구청 같은 공공기관이 성립하지도 않는 명분을 내세워 남의 땅을 빼앗고 멀쩡한 건물을 허물어 버리게 만들 수 있게 된다. 여기까지 이야기해도 대부분의 사람들이 '설마'라고 할 테니 구체적으로 들어가 보자.

송파구청에서 '수용'하겠다고 공고한 땅 중 한 곳은 풍납토성의 서쪽 성벽이 있었다고 '추정'되는 곳이다. 여기서 일반적인 사람들은 '추정'이라는 말을 보고 대충 넘어간다. 어차피 2,000년쯤 전인 옛날 일인데, '추정'이외에 할 수 있는 것이 있겠느냐는 생각이 들기 십상이기 때문이다.

하지만 이 미묘한 낱말 하나가 현실에 미치는 영향은 차원이 다르다. '추정'이라는 말을 뒤집으면, 사실 정확한 실체를 모른다는 뜻이 된다. 그런데 이런 점을 무시하고 문화재 복원이라는 사업에 이 낱말을 적용시키면, 막연할 수밖에 없는 역사적 실체를 복원하는 것과는 차원이 달라진다. 그럼에도 불구하고 대부분의 사람들이 이러한 차원의 차이를 이해하기 어려워한다. 바로 이 부분이 사람들에게 혼선을 일으키는 점이며, 이를 악용하면 당당하게 사기를 칠 수 있게 되는 것이다.

문화재 보존이 목적?

이해를 돕기 위해 문화재 보존과 복원에 대한 국제적 기준이라 할 수 있는 유네스코 규정을 인용해 보자.

> 유적이나 역사적 건축물 등의 재건축은 예외적인 경우에만 정당화되며, 완벽하고 상세한 기록 문건에 기초를 두고 있을 때만 허용 가능할 뿐, 절대로 추측에 근거를 두어서는 안 된다.

관련 분야에 종사하는 사람이 아니면 이조차도 무슨 뜻인지 가슴에 와 닿지 않을 수 있으니, 설명을 조금 더 붙여 볼 필요가 있겠다. 우선 "재건축은 예외적인 경우에만 정당화되며"라는 말의 의미부터 확인해 보자. 이는 문화재 보존과 복원이라는 것이, 기본적으로 만들어졌을 때의 원래 형태를 유지할 때 가치가 있다는 뜻이다.

이해하기 쉽게 좀 더 구체적인 사례를 들어 보자. 대한민국의 국보 제1호는 숭례문(남대문)이었다. 그런데 그 국보 제1호가 사회에 불만을 품은 한 사람이 불을 지르는 바람에 불타 없어져 버렸다. 그래서 지금 새로 지었다. 그러면 새로 지은 숭례문이 문화재로서의 가치를 가질 수 있을까? 답은 당연히 '없다'이다.

숭례문이 문화재로서의 가치를 인정받아왔던 이유는, 500년쯤 전인 조선시대에 지어졌기 때문이다. 뒤집어 말하면, 아무리 똑같이 지어도 21세기 대한민국에서 다시 만들면 문화재로서의 가치는 다시 만든 시점부터 시작된다. 쉽게 말해서 다시 만든 시점에서는 문화재로서의 가치가 없는 거나 마찬가지라는 뜻이다.

그렇다면 이번 사건에서 명분이 된 해당 지역 풍납토성 서쪽 성벽과 그 부근의 상태는 어떠할까? 결론부터 말하자면 실체가 거의 남아 있지 않다. 그 점은 이 지역을 한성백제왕성이라고 간주하고 복원 사업을 추진하는 측의 자료에서조차 확인된다. 2009년 9월 국립문화재연구소 발간《풍납토성 500년 백제왕도의 비전과 과제》라는 자료는 풍납토성 복원의 필요성과 전망에 대해 긍정적으로 평가하고 있다. 그럼에도 불구하고 이 자료에서조차, "발굴조사를 통하여 풍납토성의 서쪽 성벽이 실제로 존재했는지, 그 부분이 풍납토성 외부의 해자시설이었는지 아니면 제방 옆의 자연도랑이었는지 명확하게 밝혀진 바 없다"라고 밝히고 있다. 단지 추가적인 발굴조사가 필요하다는 결론을 내리

풍납토성 서쪽 성벽의 현재 상태. 무너져 버린 성벽 왼쪽으로는 아파트와 주차장이 들어서 성벽의 형태를 찾을 수 없다

고 있을 뿐이다.

물론 이는 조사가 목적인지 발굴 비용을 더 타내는 것이 목적인지조차 의심스럽다. 사실 굳이 복잡하게 발굴해서 확인하지 않더라도, 이미 20층짜리 건물에 해당하는 공장시설이 지어져 있는 경우에는 그 자체가 해당 지역에 있던 유적을 거의 완전히 파괴했음을 의미한다. 그러니 이런 상태에서 문화재 복원이 될 리도 없고, 억지로 해봐야 인정도 받지 못한다. 건물을 짓기 전에 발굴로 유적을 확인하고 보존했다면 몰라도, 이미 현대 건물 올리면서 해당 지역 다 파괴해 놓고 이제 와서 그 지역의 유적을 복원하겠다는 발상 자체가 황당하다는 뜻이다.

이러한 이해를 바탕으로 풍납토성 서쪽 성벽을 복원하겠답시고 땅 내놓고 철수하라는 이번 사건의 본질을 돌아보면, 이게 얼마나 황당한 상황인지 이해가 갈 것이다. 유네스코 기준만 제대로 알아도, 이미 완전히 없어져 버린 유적을 다시 만들어 봐야 문화재로서의 가치를 인정받지 못한다는 점은 분명히 드러난다. 그리고 이런 사실을 송파구청과 그 배후에 있는 문화재청이 모를 수가 없다.

그럼에도 불구하고 문화재로 인정받지도 못할 것을 만들기 위해, 지금 지어져 있는 시설들을 모두 헐어 버리고 나가라고 요구한 것이다. 이런 행각은, 이들의 목적이 문화재 보존이 아니라 남의 땅 빼앗는 것이라 해도 지나친 말이 아닐 것 같다. 이 정도면 "칼만 안 들었지, 강도와 다를 게 뭐냐?"라는 말이 나오는 것이 당연하지 않을까?

이곳뿐 아니라 한성백제왕성을 복원하겠다면서 '수용'해 간 땅을 어떻게 사용하고 있는지를 확인하면, 땅을 내놓은 사람들의 속이 뒤집어진다. 풍납동 사람 상당수는 수도 서울 지역의 땅값이라고 하기에는 지나치게 헐값으로, 그것도 예산이 없다며 값을 한 번에 받지도 못하고 땅을 내놓았다. 그랬던 이유는 당연히 한성백제왕성의 문화재 복원이라는 명분 때문이었을 것이다. 그렇지만 현재 대부분의 땅이 문화재 보존과 복원을 위한 발굴에 활용되고 있을까?

천만의 말씀이다. 이 땅 상당 부분은 서울시 영어마을 및 조사단 사무실, 주차장, 자전거 대여소, 학교, 토성관리사무소 등으로 사용되고 있을 뿐이다. 한성백제왕성을 복원한다면서 땅을 가져간 지 20년의 세월이 흐른 지금도 말이다. 특히 사적지라 보존해야 한다는 명분으로 수용해 놓은 곳에 국립문화재연구소 건물과 함께, 바로 옆에 풍납동의 영어마을 캠프를 지어 놓았다. 이 정도 건물을 지으려면, 역시

풍납동의 영어마을 캠프. 바로 옆에 국립문화재연구소 건물이 있다.

이 건물 아래 몇 m를 파괴하지 않을 수 없다.

그러면 발굴이 늦어져 임시로 이런 활용이라도 하고 있다고 보아야 할까? 그런 것 같지도 않다. 이들은 "백제왕성의 역사적 가치가 높기 때문에 발굴하여 보존할 가치가 있다"는 추상적인 설명 이외에, 백제시대 어떤 문화재를 어떻게 보존하고 복원할 것인지 그것이 어떠한 측면에서 얼마나 중요한 역사적 가치를 가지는지 등에 대한 구체적인 계획이나 입장도 밝히지 않고 있는 것이다.

심지어 이와 관련되어 이중 잣대를 들이 대는 곳도 있다 한다. 송파구 풍납동 306-26·27·28 번지에 해당하는 곳은, 지금 철거를 요구하고 있는 공장의 바로 근처에 있는 곳이다. 그런데도 이곳에는 새로 빌라를 짓도록 건축허가가 나서 분양 중이다.

철거 요구를 받고 있는 공장 부근의 신축 빌라

송파구 풍납동 292-12,13번지 2017년 초인데도 철거 예정일 뿐인 건물

어떤 곳은 땅을 '수용'한 뒤 시험발굴에서 아무것도 나오지 않자, 집 한 채 넓이에 '공원'을 만든 곳도 있다.

송파구 풍납동 306-1번지에 자리 잡고 있는 주차장

송파구 풍납동 293-11번지 수용한 집 자리에 만든 공원

송파구 풍납동 298-16

아직도 수용한 땅에 아무것도 하지 않고 울타리만 쳐 놓기도 했다. 이런데도 이들의 목적이 '문화재 보존과 복원'에 있는 것으로 보아야 할까?

사람들은 모른다, 그러니 속여도 된다!

그런데 송파구청은 무엇을 믿고 이런 행각을 벌였을까? 여기서 필자 자신도 충격을 받았던 사건들이 이어진다. 풍납토성 관련 문제를 두고 학계의 어두운 측면까지 솔직하게 말해 줄 사람이 별로 없기 때문에 가끔 필자에게도 이와 관련된 자문이 들어온다. 그렇다 보니 소송에 관련된 변호인들이 관련 내용을 물어 올 때도 있다. 이럴 때에는 자문을 악용할 생각이 아니라면, 연구해서 알게 된 전문적 내용을 활용하는 것도 권리이자 의무라는 생각으로 응해 주는 것이 보통이다.

그렇게 해서 자문을 해주면서, 필자는 이 분야 상황을 대충 알고 있었으면서도 경악에 가까울 정도로 황당함을 느꼈다. 이때 변호사들이 자문을 요청해 왔던 내용은 아무래도 사업 계획이 좀 무리해 보이는데, 문화재 보존·복원 사업으로서 타당성이 있겠느냐는 내용이었다. 이 내용을 훑어보던 필자가 놀랐던 이유는, 명색이 공공기관이라면서 어떻게 이런 사업을 문화재 보존·복원사업이라고 내세울 수 있었는지 이해가 가지 않았던 것이다. 굳이 위에서 소개했던 유네스코 규정까지 세세하게 외우고 있지 않아도, 이미 없어져 버린 유적을 복원하겠다는 명분이 성립할 수 없다는 점은 기본 상식이다. 그런데도 신뢰가 생명인 공공기관이, 이런 일을 가지고 법정에까지 가져가 시비를 가리겠다는 배짱을 부렸다는 점은 충격이었다.

그런데 왜 이렇게까지 할 수 있었는지에 대한 의문은 변호사들과 상담하면서 곧 풀렸다. 법에 밝다는 변호사들조차, 이 황당한 사업에 대해 막연한 의구심만 품고 있을 뿐 뭐가 문제인지는 모르고 있었다. 이번 소송이 근원적으로 성립되지 않는 본질적인 원인은 이런 것이다.

송파구청장이 복원해서 보존하겠다고 사업공고를 낸 지역 대부분에, 막상 원래 상태를 유지하고 있는 유적이 거의 없다. 앞서도 소개했듯이, 이미 없어져 버린 유적을 다시 만들어 내 봐야 문화재로서의 가치를 인정받지 못한다는 사실은 문화재와 관련된 일을 맛보기만 해도 알게 되는 가장 기초 상식이다.

하지만 변호사들은 그런 상식을 충격과 경악 속에서 듣고 있었다. 그러면서 몇 번씩이나 "정말 새로 만든 것은 문화재로서의 가치가 없는 것인가?"를 확인했다. 1시간 반 정도 거품 물며 설명해 주면서, 당시에는 솔직히 답답했다. 심지어 '이 분야 소송을 맡았다는 변호사들이 어찌 이렇게 기본적인 상식도 모를까?'라는 생각까지 들었다. 그런데 며칠 지나지 않아, 그들에게 미안함을 느껴야 했다. 한 친목 모임에서, 20년 동안 판사 생활을 하다가 변호사 개업했던 동기생과의 대화에서, 이런 상식을 모르는 사람이 훨씬 많다는 사실을 확인했기 때문이다.

이를 확인하게 된 상황은 이렇다. 그 동기생과 차를 타고 이동하면서, 문득 사건 생각이 나서 짓궂게 물었다. "어떻게 문화재 관련 소송을 맡은 변호사가, 새로 만들어 내면 문화재 가치가 없다는 점도 모르느냐?" 그랬더니 그 동기생이 말했다. "그게 왜 문화재가 아니냐?" 여기서 끝난 게 아니다. "세상에는 다양한 가치가 있는 법인데, 공부깨나 했다면서 어찌 그리 독선적이냐?"면서 타박까지 해왔다. 옆에 있던 친구까지 이에 가세하는 사태를 보면서, 보통사람들은 모르는 게 당연하다는 점을 깨닫게 된 것이다. 그러니 자문을 요청했던 변호인들에게 미안함을 넘어 죄책감까지 느껴야 할 것 같다.

나름대로 충격을 받아, 이후 주변의 문화재 관련 집단과 비전문가 집단에 같은 질문을 계속 던져 보았다. 그 반응 자체가 충격적일 수 있겠다. 내막을 좀 아는 집단은 하나같이, "그런 생 기초 상식을 어떻게 모를 수가 있느냐?"며 "당신이 과장하는 거 아니냐?"고까지 몰아간 반면, 비전문가 집단은 거의 대부분 "지금이라도 문화재 만드는 게 왜 문제가 되느냐? 독선적으로 판단하지 말라"는 반응을 보였다.

문화재가 되느냐 마느냐는, 다양한 가치가 존재하는 형이상학적 문제가 아니다. 국제적 기준까지 비교적 명확하게 규정되어 있는 현실 문제인 것이다. 특히 새로 만들어 낸 것이 문화재로서 가치가 없다는 점은 가장 기초적인 상식이라고 하기도 민망한 사실이다. 그런데도 많은 사람들이 이런 상식을 '몰라서' 오히려 제대로 아는 당사자가 눈앞에서 매도당하는 것이 현실이다.

판결문으로 드러난 공공기관의 횡포

이런 현실을 알고 나면 문화재 관련 공공기관의 배짱도 이해가 간다. 지금도 많은 사람들이 왜 어렵지도 않은 기본 상식에 대해 잘못 알고 있을까? 그만큼 잘못된 상식을 퍼뜨려 사람들을 감염시키는 집단이 있었다는 이야기다. 그것이 누군지 콕 집어 지목하지 않아도, 윤곽은 나올 것이다. 하긴 그들 입장에서는 인정받건 말건 무조건 예산 따내고 공사 벌여야 돈도 벌고 '업적'도 쌓을 수 있다.

그러니 왜곡된 정보를 퍼뜨릴 수밖에 없다. 그리고 이런 사정을 제대로 아는 사람도 관련 분야에 종사하는 극소수밖에 없다. 더구나 이 극소수 중 대놓고 사실을 말하고 다닐 사람도 적고, 혹시 나온다 하더라도 극소수 중에서도 극소수에 불과하다. 그러니 문제가 불거지면 몇 안 되는 사람만 적당히 매도해, 죽일 놈 만들어 버리면 그만이니 크게 걱정할 필요가 없는 것이다.

실제로 지금까지 반세기 가까이 이런 수법으로 재미를 보았으니, 이번이라고 특별히 양심적으로 행동하는 것이 오히려 이상한 일일지도 모르겠다. 내용은 구체적 측면 언급 없이 적당히 뭉뚱그려 알려 놓는다. 그렇게 해놓고 자기들은 문화재 보존을 위해 노력하고 있는데, 사리사욕에 눈이 먼 기업이나 개인이 저항한다는 식으로 몰아가면 백발백중 속일 수 있다는 자신감이 있으니 말이다.

다행한 일이 있다면 필자의 자문을 받은 변호인들의 활약과 이를 받아들여 준 사법부의 결단으로, 제대로 된 결과가 나온 듯하다. 최근 있었던 소송에서는 송파구청과 문화재청 측에 패소 판결이 나왔다. 이유도 아주 구체적으로 지적되어 있다. 이번 판결은 우선 사법부가, 문화재 보존과 복원의 원칙을 확인해 주었다는 점에서 의미가 있겠다. 즉, 문화재를 보존·복원해야 한다는 취지에 대해서는 인정해 줄 수 있지만, 이를 앞세워 불필요한 희생을 강요하는 것까지 용납해 줄 수 없다는 이야기다.

예를 들어, 풍납토성 서쪽 성벽을 보존·복원해야 한다는 명분을 내세우려면, 이것이 문화재로 인정받을 수 있을 만큼의 원래 형태를 유지하고 있어야 한다. 그런 것이 아니라, 현재 상태처럼 완전히 없어져 버렸을 뿐 아니라, 원래 형태에 대한 기록이나 근거마저 거의 없다시피 한 상태에서는 명분 자체가 성립할 수 없다는 것이다. 이는 송파구청이나 문화재청 같은 공공기관이, 성립하지도 않는 명분을 내세워 남의 땅을 빼앗으려 한 행각이 '위법'이라는 뜻이 된다.

그래도 이번 판결을 보면, 대한민국이 법 같은 시스템은 어느 정도 정비되어 있다는 생각이 든다. 하지만 그럼에도 불구하고 '헬조선' 소리가 나오는 이유는 분명해진 것 같다. 법이 어쨌건 사람들이 잘 모른다는 점을 악용해서, 자기들 사리사욕 채우는 데 이용해 버리면 법이고 시스템이고 다 소용없어질 테니 말이다.

사실 이번 사건에서 송파구청이 보인 식으로 문화재 관련 사업을 추진하는 행각이 공인된다면, 풍납동 같은 특정 지역 주민이나 일부 기업만 피해를 보고 끝날 문제가 아니다. 생각해 보시라. 멀쩡하게 살고 있는 집에 찾아와, "이 부근에 유적이 있을지도 모르니, 너희 집 헐값에 넘기고 이사 가라"라고 하면 어떻게 될까?

앞서도 잠시 언급했듯이, 구석기 시대부터 사람이 살았던 대한민국 땅에서는, 지금도 사람 살지 못하는 곳이 아닌 바에야 유적이 나오지 않는 것이 이상할 정도다. 그러니 심하게 말해서 웬만한 곳이라면 "유적이 있을 것 같다"라고 걸어 안 걸리는 곳이 없다는 이야기도 나온다. 더욱이 그렇게 빼앗아간 땅에, 발굴은 하지 않고 주차장이나 영어마을 캠프나 지어 놓고 자기들 돈벌이 하고 있으면 누구든 기분이 어떨까?

지금까지 풍납동 주민 상당수가 바로 이런 꼴을 당해 왔던 것이다. 즉, 문화재 관련 공공기관들이 문화재 보존을 내세워 남의 땅을 빼앗아 놓고도, 정작 문화재 관련 사업은 20년 째 추진하지도 않았고 구체적인 추진 계획도 없이 시간만 보내겠다고 나오는 것이 현실이다. 이렇게 해놓고 오히려 피해자들을 '자기 이익에 눈 먼 사람들'로 몰아간 셈이다.

그나마 이번 재판에서 이런 행각에 제동을 걸었다. 하지만 필자가 황당한 점은, 송파구청과 문화재청 측에서 이 판결을 받아들일 수 없다며 항소했다는 사실이다. 자기들은 잘못한 것 없으니, 앞으로도 별다른 근거나 사업 계획조차 세워 놓지 않고 땅부터 빼앗는 행각을 계속해야겠다고 선언한 셈이다. 사태가 이렇게 흐르고 있기 때문에, 이들의 행태를 그대로 둔다면, 앞으로는 누가 황당한 피해를 볼지 모르는 상황이 될 것이라는 말은 덧붙여 놓고 싶다.

맺으면서

이렇게 해서 풍납토성을 한성백제왕성으로 몰아가려는 논리를 2015년 10월에 있었던 학술 세미나 내용을 중심으로 살펴보았다. 앞서도 강조했듯이, 이 세미나는 박원순 서울시장이 한성백제왕성 복원계획을 발표하면서 촉발된 풍납토성=한성백제왕성 논란에 대응하기 위해서 연 것이다. 더욱이 여기서 "최근 풍납토성을 둘러싸고 벌어지고 있는 각종 잘못 알려지고 있는 이슈 등에 대하여 대응하고자 학술대회를 개최하게 되었다"라는 명분을 내세웠다.

그러니 이 세미나에서는 풍납토성이 한성백제왕성임을 증명하는 모든 근거와 논리가 총 망라되어 있어야 했다. 사실 이후 이 책을 쓰던 시점까지 이만큼 적극적으로 풍납토성을 한성백제왕성이라고 결론짓는 노력이 보였던 적도 없다. 그렇기 때문에 이렇게 총망라되었다고 할 수 있는 근거와 논리가 어떤 것인지를 보여 주는 방식으로 반론을 제시해 보려 한 것이다.

그런데 이들의 주장을 보면 한 가지 재미있는 점이 있다. 바로 박근혜 대통령이 탄핵에 대해 해명하는 방식과 구조적으로 매우 비슷하다는 점이다. 특히, "세월호가 침몰하고 있던 7시간 동안 무엇을 하고 있었느냐?"에 대한 대답은 특히 걸작이다. 많은 사람들이 지적해 왔듯이 이 논란의 경우, 대통령이 그 시간에 무엇을 하고 있었는지를 구체적으로 보여 주면 간단하게 의문을 잠재울 수 있다. 그렇지만 박근혜 대통령을 중심으로 한 청와대 측은 몇 년 동안 그런 간단한 해결 방법을 쓰지 않았다. 그저 제기된 의문 중 좀 황당하다 싶은 것만 골라, "그런 일을 벌이지는 않았다"라는 식의 해명을 내놓고 해결되었다고 우겨 왔을 뿐이다.

그뿐인가? 청와대 안에 간호장교들이 이른바 '비선 의료행위'에 가담했다는 의혹이 제기되자, 국방부는 "그날 청와대에 출장 간 간호장교는 없다"라고 발표했다. 국방부의 발표를 들은 당시만 해도 많은 사람들이 '국군 간호장교가 가담한 비정상적 의료행위는 없었다'고 생각했을 것이다. 그런데 나중에 알고 보니 간호장교들은 청와대 안에 머물며 근무하고 있었다. 결국 국방부는 버젓이 근무하고 있던 간호장교들을 두고 "청와대에서 먹고 자면서 근무하고 있으니, 출장 간 간호 장교는 없었다는 뜻"이라는 식으로 말장난을 하며 국민을 우롱하려 한 셈이다. 청와대 측의 해명이라는 것 중에는 이런 식의 말장난을 통한 사실상의 거짓말이 한두 개가 아니었다.

진실을 밝히면 그만인 상황에서, 굳이 이런 수법을 쓰는 이유는 뻔하다. 진실 그대로를 밝혀서 안 되는 흑막이 없다면 이렇게 복잡하게 일을 꼬아 놓을 필요가 없을 테니까. 이 자체가 국민에 대한 우롱임은 두말할 필요가 없다. 그렇기 때문에 국민 대부분이 대통령 탄핵이라는 극단적인 방법에 열광적인 지지를 보냈던 것이다.

그런데 '풍납토성=한성백제왕성'이라는 논리도 뭐가 다를까? 이 역시 논란을 잠재우는 방법은 아주 간단하다. 풍납토성이 한성백제왕성이라는 결정적인 근거를 보여 주면 된다. 하지만 7개 학술단체와 이들을 지원하는 공기관인 대한민국 문화재청을 필두로 서울시청·송파구청의 후원까지 등에 업고 개최한 학술 세미나에서조차 이런 내용은 찾아볼 수 없었다.

그저 필자 등이 "풍납토성은 한성백제왕성이 아니다"라며 제시한 근거들 중, 만만하다 싶은 몇 가지를 골라 반론이랍시고 내놓은 것이 대부분이다. 물론 이 과정에서도, 청와대가 그랬듯이 온갖 말장난과 눈속임을 통해 이에 관심 두는 사람들을 우롱해 왔다. 대통령과 관련된 문제는 국가 기밀이라고 연결되어 있을 수 있으니, 어느 정도 비밀을 지키려는 것까지는 억지로라도 이해해 줄 수 있는 측면이라도 있다. 하지만 학술 문제를 두고 이렇게까지 하는 행각을 어떻게 이해해 줄 수 있겠나?

이런 논란이 그저 "한성백제왕성이 어디냐?"는 학술적인 차원일 뿐이라면, 그저 관심 있는 사람들끼리의 논쟁에 불과할 수 있겠다. 하지만 이는 수십조 원에 이를 것이 뻔한 발굴비용의 지출과 관련되어 있다. 엉뚱한 곳을 발굴하는 데에 이 비용이 실제로 지출된다면, 대한민국에 심각한 타격이 될 것은 분명하다. 그렇기 때문에 실제 발굴이 들어가기 전에, 신중하게 검증을 거쳐야 한다. 그러니 발굴비용에 비하면 비교하기가 민망할 정도로 적은 비용인 학술적 논쟁을 피할 이유가 없다.

하지만 현실은 그렇게 가지 않는 것 같다. 필자가 아는 한, 지금도 서울시청 안에는 연간 3,000억 원 정도의 예산을 쓰는 팀이 구성되어 한성백제왕성 복원과 이를 유네스코에 등재하는 임무를 수행하고 있다. 논란이야 있건 말건, 무조건 발굴해서 복원해 놓고 보자는 태도를 노골적으로 보이는 셈이다. 학술적인 차원에서 한성백제왕성을 복원하려 한다면, 이렇게까지 할 필요는 없을 것이다. 뒤집어 말하면 뭔가 흑막이 있다는 이야기다.

최근 대통령 탄핵 사태를 보면서 "배운 것들이 더 파렴치하게 거짓말 잘 한다"라는 말이 나온다. 이런 사람들 중에는 교수와 법조인 출신이 태반이다. 이른바 '사회지도층'이라는 사람들이 이런 행각 벌이는 꼴을 보고 많은 사람들이 충격을 받았다는 말을 한다. 필자는 이런 말을 들을 때마다 답답함을 느낀다.

이번 문제에서도 파렴치한 거짓말로 사람들을 우롱했던 당사자들 중에 대부분은 교수들이고, 박사 학위 없는 사람도 거의 없다. 이른바 '가방 끈 긴' 것으로 치자면 가장 긴 축에 들어가는 사람들이고, 교수들은 그중에서도 출세에 성공한 사람들이다. 우리 사회 최고 지성의 전당이라는 대학에서 바로 이들이 '가르침'을 주고 있는 것이다. 이런 사람들이 자신의 권위와 지위를 이용해서 늘어놓는 파렴치한 거짓말을 보고, 학생들이 무엇을 배울까?

'학부' 때야 아무것도 모르고 지나칠 수 있겠지만, 전문가로 키워지는 관문인 '대학원'에 들어가면, 교수들의 영향력은 차원이 달라진다. 여기서부터 교수들은 학생들의 생살권을 쥐고 흔드는 염라대왕이나 다름없는 역할을 한다. 그런데 바로 이런 염라대왕 역할을 하는 자리에 파렴치한 거짓말을 공공연하게 자행하는 사람들이 올라가고, 또 이 자리를 지키고 있게 된다면 이들에게 명줄을 걸고 있는 학생들이 어찌될지 짐작이 가지 않을까?

이런 점을 보면 우리 사회에서 '많이 배운 사람'이라는 개념에 대해 흔히 알려져 있는 인식도 바뀌어야 할 것 같다. 대학이 '지성의 전당'이라는 이미지와는 달리, 어떻게 하면 전문성과 권위를 악용해서 사람들을 우롱해 놓고 책임은 지지 않을지를 가르치는 곳이 되어가고 있고, 우리 사회를 이끌어갈 지도층에게 파렴치한 짓을 많이 보고 배운 '인재'들을 공급하는 곳이 되고 있다. 이 책이 이런 세태에 조금이라도 제동을 거는 역할을 해주기 바라는, 소박한 기대를 해본다.

조작된 한성백제왕성

발행일 | 1판 1쇄 2017년 4월 20일

지은이 | 이희진
주　간 | 정재승
교　정 | 홍영숙
디자인 | 배경태
펴낸이 | 배규호
펴낸곳 | 책미래

출판등록 | 제2010-000289호
주　소 | 서울시 마포구 공덕동 463 현대하이엘 1728호
전　화 | 02-3471-8080
팩　스 | 02-6008-1965
이메일 | liveblue@hanmail.net

ISBN 979-11-85134-38-3 03910

국립중앙도서관 출판시도서목록(CIP)

조작된 한성백제왕성 / 지은이: 이희진. -- 서울 : 책미래, 2017
p. ; cm

ISBN 979-11-85134-38-3 03910 : ₩15000

한국사[韓國史]
백제(국명)[百濟]

911.033-KDC6
951.901-DDC23　　CIP2017009104